劳动教育教程

◎主　编　徐程际
◎副主编　张亚东
◎参　编　袁野　张洋　杜超　顾靖彬

电子工业出版社
Publishing House of Electronics Industry
北京·BEIJING

内 容 简 介

本书旨在全面、系统地介绍劳动教育的基础理论和实践方法，为读者提供一套完整的劳动教育学习体系。全书分为五个项目，包括劳动教育认知、劳动教育实践、劳动制度与劳动法规、传承劳动精神及劳动素质，每个项目下又细分为若干任务，通过任务清单的形式，帮助读者明确学习目标和内容。

本书适合广大劳动者、学生及教育工作者阅读，可作为劳动教育课程的教材或参考书。通过阅读本书，读者将能够全面理解劳动教育的内涵和价值，掌握劳动实践的方法和技巧，提升自身的劳动素质和综合能力。

未经许可，不得以任何方式复制或抄袭本书之部分或全部内容。
版权所有，侵权必究。

图书在版编目（CIP）数据

劳动教育教程 / 徐程际主编. -- 北京 : 电子工业出版社, 2024. 12. -- ISBN 978-7-121-49409-3
Ⅰ. G40-015
中国国家版本馆 CIP 数据核字第 2024RC4130 号

责任编辑：胡乙凡
印　　刷：涿州市般润文化传播有限公司
装　　订：涿州市般润文化传播有限公司
出版发行：电子工业出版社
　　　　　北京市海淀区万寿路 173 信箱　邮编　100036
开　　本：787×1092　1/16　印张：12.25　字数：313.6 千字
版　　次：2024 年 12 月第 1 版
印　　次：2024 年 12 月第 1 次印刷
定　　价：38.00 元

凡所购买电子工业出版社图书有缺损问题，请向购买书店调换。若书店售缺，请与本社发行部联系，联系及邮购电话：（010）88254888，88258888。
质量投诉请发邮件至 zlts@phei.com.cn，盗版侵权举报请发邮件至 dbqq@phei.com.cn。
本书咨询联系方式：（010）88254489，youl@phei.com.cn。

前言 PREFACE

  劳动作为人类生存和发展的基石，不仅创造了丰富的物质财富，更铸就了人类文明的辉煌。在当今社会，随着科技的飞速发展，劳动的形态和意义也在不断变化，但劳动教育的重要性却愈发凸显。它不仅关系到个人的成长和发展，更关乎国家和民族的未来。

  本书正是基于这样的背景而编写的。全书分为五个项目，涵盖了劳动教育的认知、实践、制度与法规、劳动精神的传承及劳动素质的培养等多个方面。每个项目下又细分为若干任务，通过任务清单的形式，帮助读者明确学习目标和内容，使读者能够系统、全面地了解劳动教育的相关知识和实践技巧。

  本书深入探讨了劳动的内涵、意义及真谛，帮助读者树立正确的劳动观念，认识劳动的重要性和价值。同时，本书还介绍劳动教育的实践方法，包括家庭、学校和社会三个层面的劳动教育实践，旨在培养读者的生活技能、职业技能和社会技能。

  此外，本书还详细介绍了劳动制度与劳动法规，帮助读者了解劳动法律环境，维护自身权益。同时，本书还深入探讨了传承劳动精神，弘扬劳模精神、劳动精神、工匠精神，旨在提升读者的劳动素养和道德观念。

  最后，本书聚焦于劳动素质的培养，包括劳动理论修养、基本素养、态度和常识等方面，旨在提升读者的综合素质和劳动能力。

  通过本书的学习，读者能够全面理解劳动教育的内涵和价值，掌握劳动实践的方法和技巧，提升自身的劳动素质和综合能力。

编 者

目录 CONTENTS

项目一 劳动教育认知 ... 1

任务一 劳动教育深刻内涵 ... 3
劳动任务清单（一） ... 7

任务二 劳动教育意义 ... 11
劳动任务清单（二） ... 14

任务三 劳动教育真谛 ... 18
劳动任务清单（三） ... 22

项目二 劳动教育实践 ... 28

任务一 理解劳动教育实践 ... 33
劳动任务清单（四） ... 37

任务二 家庭劳动教育实践培养生活技能 ... 40
劳动任务清单（五） ... 43

任务三 学校劳动教育实践培养职业技能 ... 47
劳动任务清单（六） ... 51

任务四 社会劳动教育实践培养社会技能 ... 54
劳动任务清单（七） ... 57

项目三 劳动制度与劳动法规 ... 62

任务一 劳动基本制度 ... 65
劳动任务清单（八） ... 72

任务二 劳动法律法规 ... 75

　　　　劳动任务清单（九）　　　　　　　　　　　　　　　　　　　　　80

　　任务三　劳动合同及权益保障　　　　　　　　　　　　　　　　　　83

　　　　劳动任务清单（十）　　　　　　　　　　　　　　　　　　　　91

　　任务四　实习与现代学徒制权益　　　　　　　　　　　　　　　　　94

　　　　劳动任务清单（十一）　　　　　　　　　　　　　　　　　　　99

项目四　传承劳动精神　　　　　　　　　　　　　　　　　　　　　104

　　任务一　劳动精神和劳动纪律　　　　　　　　　　　　　　　　　107

　　　　劳动任务清单（十二）　　　　　　　　　　　　　　　　　　119

　　任务二　工匠精神和技能成才　　　　　　　　　　　　　　　　　122

　　　　劳动任务清单（十三）　　　　　　　　　　　　　　　　　　130

　　任务三　劳模精神和劳动素养　　　　　　　　　　　　　　　　　133

　　　　劳动任务清单（十四）　　　　　　　　　　　　　　　　　　142

项目五　劳动素质　　　　　　　　　　　　　　　　　　　　　　　149

　　任务一　劳动理论修养　　　　　　　　　　　　　　　　　　　　152

　　　　劳动任务清单（十五）　　　　　　　　　　　　　　　　　　156

　　任务二　劳动基本素养　　　　　　　　　　　　　　　　　　　　160

　　　　劳动任务清单（十六）　　　　　　　　　　　　　　　　　　163

　　任务三　劳动态度　　　　　　　　　　　　　　　　　　　　　　167

　　　　劳动任务清单（十七）　　　　　　　　　　　　　　　　　　170

　　任务四　劳动常识　　　　　　　　　　　　　　　　　　　　　　173

　　　　劳动任务清单（十八）　　　　　　　　　　　　　　　　　　176

　　任务五　劳动身心素质　　　　　　　　　　　　　　　　　　　　180

　　　　劳动任务清单（十九）　　　　　　　　　　　　　　　　　　183

参考文献　　　　　　　　　　　　　　　　　　　　　　　　　　　187

项目一

劳动教育认知

➤ **知识目标**

1. 正确理解劳动概念的本源性认知,以及劳动的价值和劳动在教育中的地位。
2. 理解并掌握劳动教育的内涵和意义。

➤ **能力目标**

1. 通过对劳动教育的认知,掌握传统文化中的劳动实践性。
2. 通过对新时代劳动教育内容的学习,掌握劳动教育的真谛,促进人的全面发展。

➤ **素养目标**

1. 把准劳动教育价值取向,坚持立德树人,坚持培育和践行社会主义核心价值观,把劳动教育纳入人才培养全过程。
2. 适应新时代发展理念,扎根中国大地,立足实际,重视实践,涵养爱国情怀,勇于担当责任,培养劳动精神,提高创造性劳动能力。

项目导读

　　劳动作为人类社会的永恒主题，既是生存的手段，也是发展的基石。但在当下这个人工智能日新月异的时代，我们为什么还要强调劳动教育呢？它究竟承载着怎样的价值与意义？本项目将带你一一解答这些问题，帮助你建立起对劳动教育的全面而深入的认识。

　　首先，劳动教育不仅仅是一种技能教育，更是一种人格教育。在劳动中，我们学会了坚持与耐心，体验了收获与成就。每一次的辛勤付出，都是对自我能力的挑战与超越。通过劳动，我们可以更加真切地感受到生活的真实与美好，从而培养出更加健全的人格和更加丰富的情感。

　　其次，劳动教育是培养社会责任感的重要途径。在劳动中，我们不仅仅是在为自己创造财富，更是在为社会做出贡献。无论是农田里的耕耘、工厂里的制造，还是社区里的服务、科研里的创新，每一份劳动都是社会进步的推动力量。通过劳动教育，我们可以更加深刻地理解个人与社会、劳动与幸福之间的紧密联系，从而培养出更加强烈的社会责任感和积极的公民意识。

　　再次，劳动教育是促进身心健康的有效途径。在快节奏的现代生活中，我们往往容易忽视身体的运动和心灵的放松。而劳动正是一种能够让我们身心并用的活动。在劳动中，我们可以释放压力、调节情绪，同时也可以锻炼身体、增强体质。通过劳动教育，我们可以学会如何更加合理地安排自己的生活和工作，从而实现身心的和谐发展。

　　从次，劳动教育还是培养创新精神和实践能力的重要平台。在劳动中，我们不仅需要动手操作、解决实际问题，更需要动脑筋思考、寻求创新方法。通过劳动教育，我们可以培养出更加敏锐的观察力、更加灵活的思维力和更加强大的实践力。这些能力不仅对我们的学习有所帮助，更会对我们未来的工作和生活产生深远的影响。

　　最后，我们需要认识到的是，劳动教育并不是一种孤立的教育形式，而是与其他各类教育相互融合、相互促进的。在劳动教育中，我们可以学习科学知识、文化素养和道德规范等多方面的内容。同时，劳动教育也可以为我们学习其他学科提供实践的机会和应用的场景。因此，我们应该以更加开放和包容的心态来接受劳动教育，让它在我们的成长道路上发挥出最大的价值。

　　在这一项目的学习过程中，我们鼓励你积极参与、亲身体验。只有通过亲身实践，你才能真正地理解劳动的意义和价值。同时，我们也希望你能够将所学的知识和技能应用到实际生活中去，用双手去创造属于自己的美好未来，因为劳动最光荣。

　　让我们共同期待这一项目的学习之旅吧！相信在劳动教育的熏陶下，你一定能够成为一个更加优秀、更加全面的人。

案例导入

劳动教育必修课受质疑，把学生当免费劳动力？

某中职学校的人才培养方案设置了劳动教育必修课，内容涉及打扫校园与教室、门口执勤、学校食堂餐盘整理、参与校园绿化维护等。劳动教育直接与学时、学分挂钩，每学期累计满24学时，获得2个学分。

有人质疑，这是把学生当成免费劳动力了？

对此，学校教务处解释说，这是按照教育部相关规定，进行人才培养的内容之一，旨在培养学生的劳动意识和劳动技能，让学生树立劳动光荣的思想。学校不仅没有减少开支、削减后勤人员，还拨付专项资金购买工作服、劳动工具，安排专门的辅导老师指导课程。

参加劳动教育必修课的同学小赵表示，劳动课的方式很好，可以调节学习生活。他在食堂工作的时候跟工作人员聊天也很开心，小组劳动结束后还拍了大合照。小赵把大合照发到了朋友圈，获得了不少点赞。

另一名同学小邓也表示非常认同学校把劳动教育安排成必修课的决定。他把这样的课程当成一种体验。加上每次劳动时间都不长，强度也在可接受范围内，既可以锻炼劳动能力，也能体会到劳动的不易，培养吃苦耐劳的精神。

分析提示：在教育部公布的2020年工作要点中，"大力加强劳动教育"成为一项重要的目标任务。文件要求各地因地制宜地组织开展家务劳动、校园劳动、校外劳动、志愿服务等形式多样的劳动实践活动，如有些学校会在端午节组织包粽子活动。劳动教育是教育改革的一个切入点，是教育观念转换的一个突破口，是一项极为重要、不容忽视的教育内容。

任务一

劳动教育深刻内涵

案例链接

从"劳动小白"到"工匠之星"——小张的劳动之旅

小张是一名普通的中职生，在上学之前几乎没有接触过真正的劳动。他的家庭环境相对优越,从小就被家人宠爱,很少有机会参与家务或其他劳动活动。因此,在进入学校之前,小张对劳动的认识非常肤浅,甚至认为劳动是一件低微、辛苦的事情。

然而,在上学期间,小张有幸选修了《劳动教育教程》这门课程,让他对劳动有了全新的认识和理解。特别是在"劳动教育实践"这一章节中,小张通过一系列的学习和实践活动,逐渐领悟到劳动的深刻内涵和价值。

有一次,学校组织到工厂参观。小张第一次目睹了工人们在生产线上辛勤劳动的场景。他被工人们专注、认真的工作态度所感染,也被他们精湛的技艺所震撼。在这次参观中,小张深刻地感受到劳动的伟大和崇高,他开始意识到劳动不仅是一种生存手段,更是一种实现自我价值和社会价值的重要途径。

回到学校后,小张决定要亲自体验一下劳动的乐趣。他加入了学校的勤工俭学项目,开始参与校园内的清洁工作。虽然这份工作并不轻松,但小张却从中感受到了从未有过的充实和满足。他发现,通过自己的劳动,不仅可以创造出整洁的环境,还可以为校园的美好贡献一份力量。这种成就感让小张对劳动产生了浓厚的兴趣。

随着时间的推移,小张对劳动的热情也越来越高涨。他开始主动寻找更多的劳动机会,参与各种社会实践活动。在一个暑假期间,他还报名参加了一个工匠培训班,学习传统的手工艺技能。通过这段时间的学习和实践,小张不仅掌握了一门技艺,还培养了自己的耐心和毅力。他逐渐明白,劳动不仅是一种身体上的劳作,更是一种精神上的磨砺和升华。

最终,小张凭借着在劳动方面的出色表现,被评为学校的"工匠之星"。这个荣誉让他更加坚定了对劳动的热爱和追求。他深知,劳动不仅是一种责任和义务,更是一种享受和幸福。在未来的日子里,他将继续用双手创造更多的价值。

知识学堂

2020年3月20日,中共中央、国务院印发的《关于全面加强新时代大中小学劳动教育的意见》提出,"把劳动教育纳入人才培养全过程,贯通大中小学各学段,贯穿家庭、学校、社会各方面,与德育、智育、体育、美育相融合,紧密结合经济社会发展变化和学生生活实际,积极探索具有中国特色的劳动教育模式,创新体制机制,注重教育实效,实现知行合一,促进学生形成正确的世界观、人生观、价值观。"对于与劳动教育相关的诸多概念的理解,是全面准确认识、系统深刻理解劳动和劳动教育,进而全面加强新时代大中小学劳动教育的前提。

一、劳动概念的本源性认知

在《现代汉语词典》(第7版)中,"劳动"有三个释义:(1)人类创造物质或精神财富的活动,如"体力劳动""脑力劳动"。(2)专指体力劳动,如"劳动锻炼"。(3)进行体力劳动，如"他劳动去了"。

由词源辨析可知，"劳动"一词，其内涵既有历史传承又有丰富发展、重在创造财富和体力付出，更具思想性、时代感和大众化。劳动通常是指能够对外输出劳动量或劳动价值的人类活动，劳动是人类维持自我生存和自我发展的唯一手段。按照传统的劳动分类理论，劳动可分为体力劳动和脑力劳动两大类。体力劳动是指以人体肌肉与骨骼的劳动为主，以大脑和其他生理系统的劳动为辅的人类劳动。脑力劳动是指以大脑神经系统的劳动为主，以其他生理系统的劳动为辅的人类劳动。

俄国教育家乌申斯基曾指出："劳动是人类存在的基础和手段，是一个人在体格、智慧和道德上臻于完善的源泉。"针对个别地区学生劳动机会减少、劳动意识缺乏，劳动教育在学校中被弱化、在家庭中被软化、在社会中被淡化的现象，教育部提出要统筹资源，构建模式，推动建立课程完善、资源丰富、模式多样、机制健全的劳动教育体系，学校、家庭、社会都应通过日常家务、手工制作、非遗传承、学工学农、社会实践和志愿服务等多种方式加强对青少年的劳动教育，实现以劳树德，以劳增智，以劳强体，以劳育美，如某校成立了学生劳动教育实践基地。

二、传统文化中的劳动实践性

劳动作为一种独特的中华民族文化符号、文化现象或文化实践，深蕴在悠久深厚的中华优秀传统文化之中。我们不仅可以在流传千年的古代汉字辞书之中找到丰富的历史依据，而且能够从诸多文化典籍和先人具体的劳动实践中得到深刻的现实启示。

中华民族在劳动中生生不息、绵延不绝，饱受挫折又不断浴火重生。既有精卫填海、夸父逐日、后羿射日、愚公移山、女娲补天、大禹治水、伏羲取火等神话传说对先人的高度礼赞，又有祖逖闻鸡起舞、匡衡凿壁借光、杨时程门立雪，孙敬和苏秦悬梁刺股、鲁班造桥、庖丁解牛、卖油翁展艺等典籍记录对后人的劝学激励；既有"天行健，君子以自强不息""修齐治平"的自立自强和入世精神传承，又有"故天将降大任于是人也，必先苦其心志，劳其筋骨，饿其体肤，空乏其身，行拂乱其所为，所以动心忍性，曾益其所不能"的顽强坚定；既有"千磨万击还坚劲，任尔东西南北风"的坚忍执着，又有"有匪君子，如切如磋，如琢如磨"的品德修养，等等。我们在中华优秀传统文化中可以体悟到：劳动融于中华民族的精神血脉，是中华民族的重要文化基因，中华民族的历史就是劳动人民用勤劳、勇敢、智慧书写的一部通过劳动创造物质财富和精神财富的灿烂历史，中国人民必将在勤奋劳动、尽责担当中创造出更加美好的新生活，谱写出更加辉煌的民族复兴新篇章。

三、劳动的价值

（一）劳动创造世界，劳动改变世界

恩格斯在《劳动在从猿到人的转变中的作用》这篇文章里说："劳动和自然界在一起才是一切财富的源泉。自然界为劳动提供材料，劳动把材料转变为财富。但是劳动的作用还远不止于此。劳动是整个人类生活的第一个基本条件。"劳动是人类的一种生活方式，也是人类的一种文化，是人类创造了劳动。劳动教育是人生教育的根本，不劳动，人类就不能生存、繁衍和发展；不劳动，社会就不能进步、繁荣和昌盛。

回望改革开放四十余年的光辉历程，中国经济持续发展，人们生活水平显著提高。而创造今天美好生活的，正是亿万人民勤劳的双手，是上上下下苦干实干的精神。没有亿万人民的奋力拼搏，就不会有今日中国的沧桑巨变，让我们致敬那些劳动者。

（二）勤劳是中华民族的传统美德

勤劳是中华民族的传统美德，是古代人民创造生活和文明的基本力量，是新时代接续奋斗的重要品格。今日中国，正面临近代以来最好的发展时期，也正处于世界百年未有之大变局，仍需我们凭着勤劳、智慧、勇气，以信仰、信念、信心铸就精神的力量，为全面建成小康社会打下坚实基础。

（三）幸福人生需要奋斗

劳动没有高低贵贱之分，人人都有出彩的机会，关键是要奋发努力。古有士农工商，今有工人、农民、教师、科学家、外贸员、程序员、外卖小哥等职业，它们只有社会分工的不同。幸福的人生需要奋斗，我们无法改变出身，但有许多改变命运的机会。我们相信，有耕耘必有收获，有付出才有回报。

四、劳动在教育中的地位

劳动在教育中的地位不容忽视。通过劳动教育，可以帮助人们树立正确的劳动观念和价值观，培养热爱劳动、尊重劳动、崇尚劳动的良好风尚。同时，劳动教育还可以提高人们的动手能力和实践能力，促进身心全面发展。

（一）树立正确的劳动观念

通过劳动教育，可以帮助人们认识到劳动的重要性和价值所在，摒弃轻视劳动、厌恶劳动的错误观念。同时，还可以引导人们树立正确的就业观和择业观，积极投身于社会实践中。

（二）培养优秀的劳动品质

通过参与劳动实践活动，可以培养人们勤劳、坚韧、自律等优秀品质。这些品质不仅对个人成长和发展具有重要意义，更对社会进步和发展具有积极的推动作用。

（三）提高动手能力和实践能力

劳动教育是提高人们动手能力和实践能力的重要途径。通过参与各种劳动实践活动，如手工制作、园艺种植、社会服务等，可以让人们亲身体验到劳动的艰辛和乐趣，提高动手能力和实践能力。

案例链接

屠呦呦的故事

劳动最美丽首先是基于劳动者的美丽、劳动者创造力量的美丽。人通过劳动把自然对象转化为人类生活必需的产品，实现了自然的"人工化"，创造了社会财富和文明价值，体现的是劳动者的美丽。在改造自然的活动中，劳动者不断觉醒、不断提升自身的主体性力量、不断提升自觉自主意识，形成了自主的内在力量，体现的是劳动者创造力量的美丽。但是劳动者的伟大和集聚在他们身上的创造力品质，并不是与生俱来的，而是需要长期培养和淬炼的。

屠呦呦将一生投入抗疟药物研发的工作中，埋头苦干，默默耕耘，甘于坐冷板凳，甘于下笨功夫、苦功夫，靠的是"以国家需求为己任"的信念，靠的是对中医药事业的热爱。"梅花香自苦寒来"，正是因为经过长期的探索和积累，她和团队才有了创造性的发现，才能彰显出中国人创造力量的伟大。

劳动任务清单（一）

劳动创造历史

植物栽培

植物栽培是人类最早掌握的劳动技术，野生植物经过人工培育后为人类所用，使人类的生活实现从饥寒到温饱再到丰富的飞跃。经过世代的努力，植物栽培几乎已经包括所有的作物，其中：粮食作物，如水稻、小麦、玉米、高粱等为人类提供食粮和某些副食品，以维持生命的需要；纤维作物，如棉花、大麻等主要用于纺织，是主要的衣、被原料；油料作物，如花生、油菜、芝麻等含有大量的蛋白质和其他营养物质，用来提取油脂以供食用；蔬果作物，如白菜、萝卜、甘蓝、苹果、草莓等为人类提供人体所必需的维生素、无机盐和膳食纤维；还有观赏作物，各类花草树木既美化环境，又调节气候。

试一试：

1. 查找植物栽培的历史及植物栽培的方式，并分组汇报展示。
2. 尝试用花盆和铲子等工具，栽培一株植物。

劳动任务清单

任务名称	植物栽培	学生姓名	
劳动时间		劳动地点	
劳动成果展示			
（图文混合展示）			
劳动体悟与反思			

劳动体悟：

劳动经验：

自我评价：

续表

知识掌握清单			
评价要点： 1．了解植物栽培的历史； 2．了解不同植物的名称、形态和栽培方式。			
评价			
不合格	合格	良	优
练习和观察清单			
评价要点： 1．成功掌握栽培一株植物的技术方法； 2．能简要记录所栽培植物的过程状态。			
评价			
不合格	合格	良	优
鉴定结果	合格□		不合格□

给学生的反馈：

如果不合格，需要重新鉴定的说明：

鉴定教师签字：　　　　　日期：

任务二

劳动教育意义

案例链接

王明是在城市里长大的独生子，家境优越，从小就深受家人宠爱。在他的成长过程中，很少有机会接触到真正的劳动。他对于劳动概念的理解仅停留在课本上的描述，认为劳动是底层人民为了生活而不得不从事的辛苦工作。

然而，一次偶然的机会，王明参加了学校组织的劳动教育活动。这次活动被安排在一个农场，学生们需要亲身体验耕种、收割等农活。一开始，王明对这次活动充满了抵触情绪，他认为这与他的生活毫无关系，而且可能会很脏很累。

但是，随着活动的深入，王明逐渐发现了劳动的乐趣和意义。他亲手种下的种子，经过辛勤耕耘，最终长成了绿油油的庄稼。在收割的那一刻，他感受到前所未有的成就感和自豪感。他意识到，劳动不仅仅是为了生存，更是一种生活态度和价值的体现。

这次劳动教育活动让王明深刻领悟到劳动的意义。他明白了劳动不仅是一种身体上的劳作，更是一种精神上的磨砺和升华。通过劳动，他学会了坚韧不拔、团结协作的精神，也培养了耐心和毅力。他意识到这些品质将伴随他一生，成为他未来成功的重要基石。

回到学校后，王明对劳动的态度发生了巨大的转变。他开始主动参与各种劳动活动，积极学习各种技能。他发现，劳动不仅让他变得更加独立和自信，还让他更加珍惜他人的劳动成果，更加懂得感恩和奉献。

分析：这个案例充分展示了劳动教育的深刻意义。通过亲身体验劳动的过程，王明不仅领悟到劳动的价值和意义，还在劳动中得到了锻炼和成长。这也证明了劳动教育在青少年成长过程中的重要性和必要性，它能够帮助青少年树立正确的劳动观念，培养他们的职业素养和道德品质，为他们未来的发展奠定坚实的基础。

知识学堂

2020年3月20日，中共中央、国务院发布了《关于全面加强新时代大中小学劳动教育的意见》（以下简称《意见》），其中提出了劳动教育的总体目标：通过劳动教育，使学生能够理解和形成马克思主义劳动观，牢固树立劳动最光荣、劳动最崇高、劳动最伟大、劳动最美丽的观念；体会劳动创造美好生活，体认劳动不分贵贱，热爱劳动，尊重普通劳动者，培养勤俭、奋斗、创新、奉献的劳动精神；具备满足生存发展需要的基本劳动能力，形成良好劳动习惯。新时代下要切实深化劳动教育内涵认知，构建德智体美劳全面培养的教育实践体系。

一、劳动教育意义的内涵

（一）加强劳动教育，培养担当民族复兴大任的时代新人

近年来，在一些青少年中出现了不珍惜劳动成果、不想劳动、不会劳动的现象，劳动的独特育人价值在一定程度上被忽视，劳动教育被淡化、弱化。中国特色社会主义建设者和接班人，必须德智体美劳全面发展，方能担当起实现中华民族伟大复兴的历史重任。要把劳动教育纳入人才培养全过程，贯通各学段，贯穿家庭、学校、社会各方面，与德育、智育、体育、美育相融合。紧密结合经济社会发展变化和学生生活实际，将有助于促进学生形成正确的世界观、人生观、价值观。

（二）加强劳动教育，促进学生能力全面提升

学校教育的主要途径是传授书本知识，但仅有静态的书本知识，难以培养出真正理解和把握人、自然和社会规律的综合能力。因为人、自然和社会的许多"秘密"，只有在与之交集交融的对象化过程中才会呈现或打开。劳动作为大自然赐予人类的"生命活动"，集合凝聚了丰富的知识要素。在劳动中，为解决某个问题、突破某个环节寻找策略，就需要与他人互助协作，及时总结经验教训，这不仅可以锻炼积极、乐观等品质，还能走近劳动者，真切地被感动并产生由衷的尊重、敬重。加强劳动教育应从儿童时代起就引导鼓励学生从事力所能及的劳动，让劳动的种子在他们心中生根发芽，最终培育出健康健全的人格之树。加强劳动教育，可以增强大局观念、合作意识，还能够增强体质、强健体魄。对于学生来说，劳动教育、劳动类课程是学生进行社会化训练、实现社会化的重要环节。劳动可以打破学校与社会之间的壁垒，增加学生与社会的互动，帮助学生形成对社会的认知。《意见》要求"根据各学段特点，在大中小学设立劳动教育必修课程，系统加强劳动教育"。这对促进学生能力的全面培养和提升具有不可替代的作用。

（三）加强劳动教育，培养青少年健康健全的人格

体力劳动能够不断拓展人的心智疆域，使人的心智人格得到充分锤炼，从而日益丰富和完整。在生活中，我们可以看到，劳动赋予劳动者顽强、智慧、积极、乐观等品质，走近劳动者，就能真切地被感动并产生由衷的尊重、敬重。

案例链接

东风不语英雄泪，笑看稻香万里浪

2021年5月22日13时07分，"共和国勋章"获得者、国家杂交水稻工程技术研究中心主任、中国工程院院士、湖南省政协原副主席袁隆平，因病逝世，享年91岁。

袁隆平是我国发展与研究杂交水稻的开创者，也是世界上第一个成功地利用水稻杂种优势的科学家，被誉为"杂交水稻之父"。自1960年开始，他始终致力于杂交水稻技术的研究、应用与推广，发明了"三系法"籼型杂交水稻，成功研究出"两系法"杂交水稻，创建了超级杂交稻技术体系，为我国粮食安全、农业科学发展和世界粮食供给做出了杰出贡献。总而言之就是——让更多的人吃饱了饭。直到2021年年初，他还坚持在海南三亚南繁基地开展科研工作。

二、劳动教育的意义

（一）培养劳动技能与独立生活能力

劳动教育通过组织各种劳动实践活动，使学习者亲身体验劳动过程，掌握基本的劳动技能。这种技能不仅有助于他们独立生活，更能为未来的职业生涯打下坚实的基础。同时，通过劳动实践，学习者可以培养解决问题的能力和团队合作精神，为未来参与社会工作做好准备。

（二）树立正确的劳动价值观与人生观

劳动教育有助于人们树立正确的劳动价值观和人生观。通过参与劳动，学习者可以深刻体会到劳动的艰辛与不易，从而更加珍惜劳动成果，尊重劳动和劳动者。同时，劳动教育还可以引导人们认识到劳动是创造美好生活的源泉，是实现个人价值和社会价值的重要途径。这种正确的劳动价值观和人生观将激励人们以更加积极的态度投身于社会实践中。

（三）促进身心健康发展与全面成长

劳动教育对于促进人的身心健康发展具有积极作用。适度的劳动锻炼可以增强体质，提高身体素质；而劳动过程中的合作与交流则可以促进心理健康，培养良好的人际关系。此外，劳动教育还有助于培养学习者的责任感、自律性和创新精神，促进他们的全面成长和发展。

（四）传承与弘扬中华优秀传统文化

劳动是中华民族的传统美德之一。自古以来，勤劳、节俭、敬业等劳动精神始终贯穿于中华民族的历史长河中。通过劳动教育，我们可以将这些优秀传统文化传承下去，弘扬勤劳、创新、奉献的时代精神。这对于培养具有民族自豪感和文化自信的新时代公民具有重要意义。

（五）推动社会进步与发展

劳动教育对于推动社会进步与发展具有深远影响。一方面，劳动教育通过培养具备高素质劳动技能的人才，为经济社会发展提供了有力的人才保障；另一方面，劳动教育所倡导的勤奋、创新、奉献等精神品质，将激励广大劳动者以更加饱满的热情投身于社会主义现代化建设中，共同推动社会的繁荣与进步。

劳动教育在培养人的全面发展、传承中华优秀传统文化及推动社会进步等方面具有不可替代的重要意义。面对新时代赋予的历史使命和挑战，我们应该更加重视劳动教育的实施与推广，不断创新教育方法和手段，努力培养一批又一批具备高素质劳动技能和崇高劳动精神的优秀人才。展望未来，我们相信在全社会的共同努力下，劳动教育将焕发出更加璀璨的光芒，为构建人类命运共同体贡献力量。

劳动任务清单（二）

 学会生活技能

为家人做爱心晚餐

"进厨房做顿饭，在烹饪的过程中，你会逐渐地让自己慢下来，去等待一顿饭从生到熟，也就是去等待生活慢慢地开花和结果。"所谓学会做饭，就是学会谋生和谋爱，走进厨房，忙碌在烟火气之中，沾染一身葱姜蒜味，为家人做一顿饭，做一道美食名叫——"爱"。

粘着泥土的青菜，仔细地清洗控水，切成合适的大小，油和葱下锅，用铲子不断翻炒，加盐加调味品……平淡无奇的锅碗瓢盆里，装着大自然对我们的馈赠。

端出我们的菜品：热气腾腾的汤，冒着香气的菜，色泽鲜艳的肉，鲜味十足的海鲜……时间就好像握不住的沙子，我们在长大，你们在变老，厨房里忙碌的背影从挺拔变得佝偻。这一次换我们来上阵，小时候你们为我们保驾护航，你们老了，换我们保护你们！给家人分享自己的劳动成果，聊聊家常话题，去体味这段难得的时光。

无论脚步怎样匆忙，不管聚散还是悲欢，我们总是希望和家人在一起吃一顿饭，聊聊家常。希望我们每个人都能体味到给家人准备新年礼物的真正意义，去寻找、拾起心中埋藏的爱与亲情。

试一试：
1. 查找菜谱，了解做饭的基本步骤和注意事项，并分组汇报展示。
2. 能够独立完成简单的烹饪任务，如煮饭、炒菜等。

劳动任务清单

任务名称	为家人做爱心晚餐	学生姓名	
劳动时间		劳动地点	
劳动成果展示			
（图文混合展示）			
劳动体悟与反思			

劳动体悟：

劳动经验：

自我评价：

续表

知识掌握清单			
评价要点： 1．了解烹饪历史； 2．了解不同的烹饪方式。			
评价			
不合格	合格	良	优
练习和观察清单			
评价要点： 1．成功掌握一种烹饪方法； 2．能简要记录烹饪的过程状态。			
评价			
不合格	合格	良	优
鉴定结果	合格□		不合格□

给学生的反馈：

如果不合格，需要重新鉴定的说明：

鉴定教师签字：　　　　　日期：

 劳动教育教程

任务三 劳动教育真谛

案例链接

杨阳是一名中职生,成长在城市的他很少有机会接触真正的劳动。父母总是告诉他,学习是他的主要任务,劳动是次要的事情。然而,学校组织的一次劳动教育活动彻底改变了他的观念。

学校为了让学生们亲身体验劳动的意义,组织了一次到农田的劳动体验活动。杨阳一开始并不愿意参加,他认为这与他的学习和生活无关。但在老师和同学们的鼓励下,他最终决定尝试一下。

来到农田,杨阳第一次亲眼看到农民们辛勤劳动的场景。他被农民们脸上的汗水和坚定的眼神所震撼。在农民的指导下,他亲自体验了耕种、浇水、除草等农活。虽然过程很辛苦,但当他看到亲手种下的作物茁壮成长时,他感受到前所未有的成就感和自豪感。

这次劳动体验让杨阳深刻领悟到劳动教育的真谛。他意识到,劳动不仅是一种生存技能,更是一种生活态度和价值观。通过劳动,他学会了珍惜他人的劳动成果,尊重每一个职业和岗位。他明白了劳动是实现个人价值和社会价值的重要途径。

回到学校后,杨阳对劳动的态度发生了巨大的转变。他开始主动参与各种劳动活动,如校园大扫除,积极学习各种技能。他发现,劳动不仅让他变得更加独立和自信,还让他更加懂得感恩和奉献。他意识到,这些品质将伴随他一生,成为他未来成功的重要基石。

同时,杨阳也意识到劳动教育的真谛并不仅仅是让他学会劳动技能,更重要的是培养他的综合素质和社会责任感。他明白了无论将来从事什么职业,都需要具备吃苦耐劳、团结协作的精神和为社会做贡献的意识。

分析: 这个案例展示了劳动教育真谛对于青少年成长的重要意义。通过亲身体验劳动的过程,杨阳不仅领悟到劳动的价值和意义,还在劳动中得到了锻炼和成长。这也证明了劳动教育在青少年成长过程中的必要性和深远影响。

知识学堂

劳动教育是新时期党对教育的新要求,是中国特色社会主义教育制度的重要内容,具有鲜明的社会性。劳动教育要求学生在面对真实的生活世界和职业世界时,以动手实践为

主要方式，学会改造世界，并在改造世界的过程中不断塑造自己，提高自身素质。

劳动教育重在发挥其育人价值。要通过劳动实践去促进学生劳动素养的提升，强化中职学生对劳动教育价值观的认知与认同。劳动精神、劳动能力等都是在劳动实践中培养出来的，要让学生通过"在场"的劳动，体验参与知识形成的瞬间，从而实现由"劳身"到"劳心"，最终实现"知行统一"的劳动教育实践路径。

一、多方协同，促进劳动教育

《意见》明确指出，劳动教育的总体目标是通过劳动教育，使学生能够理解和形成马克思主义劳动观，牢固树立劳动最光荣、劳动最崇高、劳动最伟大、劳动最美丽的观念；体会劳动创造美好生活，体认劳动不分贵贱，热爱劳动，尊重普通劳动者。培养勤俭、奋斗、创新、奉献的劳动精神；具备满足生存发展需要的基本劳动能力，形成良好劳动习惯。劳动教育是全面发展教育的重要组成部分，劳动教育的核心目的是培养学生尊重劳动的价值观，使学生形成良好的劳动习惯和积极的劳动态度，从而提升职业素养。新时代劳动实践教育的主要使命就是要让学生牢固树立"爱劳动、会劳动、懂劳动"的价值观，进而促进学生"劳身""劳心"的融合，最终实现中职学生的全面协调发展。劳动教育多维实践包括家庭、学校、社会维度，是培养有理想、有担当、有本领的高素质职业人才的有效手段。通过劳动教育多维实践可以帮助中职学生掌握劳动知识和技能，培养良好的劳动习惯，塑造基本劳动素养和基本劳动品质。"劳身"与"劳心"相结合才能实现以中职学生全面发展为目的的劳动教育，这就需要学校、家庭和社会共同参与，构建劳动教育多维实践育人格局。

二、"劳身""劳心"，加强劳动实践

劳动作为人类实践活动的最集中表现，能够进一步实现人的自觉能动性、创造性和自主性的全面发展。实践是人类特有的物质活动。人类劳动作为最基本的实践活动，创造了人类历史。苏霍姆林斯基认为："我们力求使孩子在自己的劳动中能体验到、感觉到自己的荣誉、自尊，能为自己的成果而自豪。"《意见》提出当前实施劳动教育的重点是在系统的文化知识学习之外，有目的、有计划地组织学生参加日常生活劳动、生产劳动和服务性劳动，要求中等职业学校结合专业人才培养，增强学生职业荣誉感，提高职业技能水平，培育学生精益求精的工匠精神和爱岗敬业的劳动态度。要落实这些劳动教育内容和要求，必须拓宽劳动实践教育途径，有效整合劳动教育课程体系、劳动教育实践活动等劳动教育资源，实现家庭、学校、社会各方面的劳动教育实践资源的互通和共享，促进各劳动教育实践要素、条件的协调与整合，切实解决当前劳动教育实践薄弱的困境，为学生提供充分的劳动实践机会，让学生在劳动教育多维实践活动中充分体验劳动过程，实现"劳心""劳身"的融合，进而实现"知行合一"，促使中职学生形成正确的世界观、人生观、价值观

和劳动观。

三、新时代劳动教育的内容

（一）劳动价值观的教育

劳动教育需从劳动价值观的教育入手，让观念先行。劳动价值观是人们对劳动的价值、目的、意义的认识，直接影响着人们的劳动态度、劳动价值取向、劳动目标的追求、劳动价值的评判，它是人们的劳动认识和实践活动达到自觉的重要标志。

（二）劳动意识和劳动精神的培养

劳动教育的核心在于培养学生的劳动意识和精神，这对中职学生形成正确劳动观念和全面发展至关重要。劳动意识的培养让学生理解劳动是生存和发展的基础，通过参与劳动活动，学生能体验劳动过程，树立积极态度。劳动精神的培养则强调勤奋、认真、负责和创新等品质，通过劳动竞赛和项目实践，激发学生热情，锻炼技能，培养团队精神。结合专业技能培养，劳动教育帮助学生将劳动意识和精神融入职业生涯，为未来就业和创业打下基础。

（三）劳动习惯的养成教育

对中职生进行劳动教育，应重视其劳动习惯的养成，使学生无论在体力劳动还是脑力劳动方面都能养成良好的习惯，并形成一种自觉行为。中职教育要培养的是全面发展的人，需要通过劳动教育使学生养成良好的个人生活习惯及勤奋严谨的学习风尚。

（四）劳动技能的教育

中职生劳动技能的教育包含两部分内容：一部分是教学计划内的劳动教育，这需要结合中职生所学专业的特点具体安排，包括教学实验、课程设计、专业实习、毕业设计、生产见习等；另一部分是教学计划外的劳动教育，包括学校提供的科技文化服务、勤工助学活动、支教服务，以及学生自主参加、组织的社会公益劳动、生产劳动及其他形式的社会实践活动等。

当前，社会上存在着轻视劳动，特别是看不起普通劳动者的不良倾向。从根本上讲，劳动教育就是要在全社会营造浓厚的劳动文化氛围，激发青年学生热爱劳动的内生动力，教育引导他们学会劳动、学会勤俭、学会感恩、学会助人，立志成长为德智体美劳全面发展的社会主义建设者和接班人。学校是传承中国特色社会主义文化的重要阵地，教育部门要走在学习、宣传、传承劳动文化的前列，结合植树节、学雷锋纪念日、五一劳动节、农民丰收节、志愿者日等重要节日，开展丰富多彩的劳动主题教育，培育崇尚劳动的校风、教风和学风；要积极协调新闻媒体大力传播劳动光荣、创造伟大的思想，大力宣传劳动教育先进学校和先进个人，让"四个最"的劳动价值观深入人心。

案例链接

裴先峰的故事

在 2013 年获得"全国五一劳动奖章"的 1224 人中，有一个 23 岁的小伙子特别显眼，他个子不高，有些腼腆，却是获此殊荣的最年轻的模范代表，他就是来自中国石油天然气第一建设公司的工人，第 41 届世界技能大赛银牌得主，也是 60 年来在这一赛事获奖的第一位中国选手——裴先峰。

5 月 4 日，裴先峰作为优秀青年代表，来到中国航天科技集团公司中国空间技术研究院，参加了"实现中国梦、青春勇担当"主题团日活动，并得到中共中央总书记、国家主席、中央军委主席习近平的亲切接见。

四、劳动教育的真谛

劳动教育的真谛在于通过劳动实践活动，培养人的劳动技能、劳动态度和劳动习惯，进而促进人的全面发展。这一过程不仅关注知识的传授和技能的训练，更注重人的精神世界的塑造和价值观的引导。

（一）劳动技能的培养

劳动教育通过组织各种劳动实践活动，使学习者亲身体验劳动过程，掌握基本的劳动技能。这些技能不仅包括传统的体力劳动技能，如农耕、手工艺等，还包括现代社会的职业技能，如计算机操作、数据分析等。通过劳动教育，学习者可以掌握一技之长，为未来的生活和职业做好准备。

（二）劳动态度的养成

劳动教育注重培养学习者的劳动态度，引导他们树立正确的劳动观念和价值观。通过参与劳动，学习者可以深刻体会到劳动的艰辛与不易，从而更加珍惜劳动成果，尊重劳动和劳动者。同时，劳动教育还鼓励学习者以积极的态度面对劳动，将劳动视为一种乐趣和享受，而非负担和苦差事。

（三）劳动习惯的养成

劳动教育致力于培养学习者的良好劳动习惯。通过长期的劳动实践，学习者可以逐渐养成勤劳、自律、有条理等良好的劳动习惯。这些习惯不仅有助于提高学习者的劳动效率和生活质量，还会对其未来的职业生涯产生积极的影响。

五、劳动教育与人的全面发展

劳动教育与人的全面发展紧密相连。通过劳动教育，学习者可以在掌握劳动技能的同时，培养勤奋、敬业、创新、奉献等劳动精神，促进身心的健康发展。此外，劳动教育还有助于培养学习者的团队协作能力、沟通能力和解决问题的能力，为他们的社会参与和人际交往打下坚实的基础。

六、劳动教育的社会意义

劳动教育对于社会的发展也具有重要的意义。通过劳动教育，我们可以培养出一批具备高素质劳动技能的人才，为经济社会的发展提供有力的人才保障。同时，劳动教育所倡导的勤奋、创新、奉献等精神品质，将激励广大劳动者以更加饱满的热情投身于社会主义现代化建设中，共同推动社会的繁荣与进步。

劳动教育的真谛在于通过劳动实践活动，培养人的劳动技能、劳动态度和劳动习惯，进而促进人的全面发展。它不仅是个体成长的重要途径，更是社会进步的重要推动力。因此，我们应该高度重视劳动教育的实施与推广，努力营造崇尚劳动、尊重劳动者的社会氛围，为构建人类命运共同体贡献力量。

在未来的教育实践中，我们应该不断创新劳动教育的方法和手段，使其更加符合时代的发展和学习者的需求。同时，我们还应该加强劳动教育的理论研究和实践探索，不断深化对劳动教育真谛的理解和把握，为推动劳动教育事业的蓬勃发展贡献智慧和力量。

劳动任务清单（三）

●●● 学会生活技能

有"被"而来，"叠"出风采——叠军被

古人云："一屋不扫何以扫天下。"军训就要以军人的标准严格要求自己。如果说站军姿、踏正步是军训课程的士气提振，那么内务整理就是军训课程的内涵提升。正所谓"出门看队列，进门看内务"，军训中叠军被似乎是一个跨不过的课题，通过训练能够培养严谨、认真、耐心的意志品质，干净、整齐的生活习惯，培育精益求精的标准意识，塑造团结协作、荣誉至上的集体主义精神。

叠被子讲究展、压、折、叠、整、捏边、抠角、整平……一个个细致入微的动作，一

张张严肃认真的面容，三分叠，七分整，把被子叠成整齐的"豆腐块"，是军训文化的一道风景。叠被子是门学问，更是我们要保持下去的一个优良传统。

"豆腐块"体现的是严谨细致的优良作风，培养的是服从命令的号令意识，锻造的是精益求精的工匠品质，传承的是坚韧不拔的顽强精神。事情虽小，但是却很重要，希望这小小"豆腐块"，能让莘莘学子终身受益！

试一试：

1. 查找叠军被的内涵和意义，并分组制作PPT汇报展示。
2. 能够独立完成叠军被任务，并熟练掌握每一个技巧。

劳动任务清单

任务名称	叠军被	学生姓名	
劳动时间		劳动地点	
劳动成果展示			
（图文混合展示）			

劳动体悟与反思

劳动体悟：

劳动经验：

自我评价：

续表

知识掌握清单				
评价要点： 1．了解叠军被历史； 2．了解不同叠军被方式。				
评价				
不合格	合格		良	优
练习和观察清单				
评价要点： 1．成功掌握叠军被的技术方法； 2．能简要记录叠军被的过程状态。				
评价				
不合格	合格		良	优
鉴定结果	合格□		不合格□	

给学生的反馈：

如果不合格，需要重新鉴定的说明：

鉴定教师签字：　　　　　日期：

知识拓展

古话：

◇"勤劳致富，懒惰致贫。"

这句话强调了劳动的重要性，以及它对于个人和社会财富的贡献。

◇"耕读传家久，诗书继世长。"

这句话体现了古代中国家庭教育中劳动与知识并重的传统。

◇"黎明即起，洒扫庭除。"

出自《朱子家训》，强调了从日常生活中的小事做起，培养勤劳的习惯。

名人名言：

◇"劳动是一切知识的源泉。"——陶行知

这句话强调了劳动在知识获取和个人成长中的重要作用。

◇"我觉得人生求乐的方法，最好莫过于尊重劳动。一切乐境，都可由劳动得来，一切苦境，都可由劳动解脱。"——李大钊

这句话表达了劳动对于人生幸福和困境解脱的重要性。

◇"在人的生活中最主要的是劳动训练。没有劳动就不可能有正常的人的生活。"

——卢梭

这句话强调了劳动训练在人的成长和发展中的核心地位。

◇"脱离劳动就是犯罪。"——列夫·托尔斯泰

这句话以极端的方式表达了劳动对于个人和社会的必要性。

◇"知识是从刻苦劳动中得来的，任何成就都是刻苦劳动的结果。"——宋庆龄

这句话强调了劳动在知识获取和个人成就中的关键作用。

◇"培育能力的事必须继续不断地去做，又必须随时改善学习方法，提高学习效率，才会成功。"——叶圣陶

这句话虽然没有直接提到劳动，但强调了持续努力和改善方法在培养能力中的重要性，这与劳动教育的目标是一致的。

◇"劳动是社会中每个人不可避免的义务。"——卢梭

这句话强调了劳动作为社会义务的重要性，每个人都应该参与劳动。

这些古话和名人名言都从不同的角度阐述了劳动教育的重要性，强调了劳动在个人成长、知识获取、社会贡献等方面的积极作用。

项目训练

1. 训练目标

（1）让学生充分体悟劳动的内涵，积极投身到社会劳动实践大环境中，树立正确的劳动价值观并培养良好品质。

（2）让学生在劳动认知过程中体悟劳动价值，提升劳动认同，创造劳动实践。

2. 训练内容

（1）根据自身所学专业，设计一项社会志愿者服务公益项目。

（2）通过理念引领、理论指领、理性提领，全面感悟劳动教育的意义与真谛，更好地提升自身劳动实践感知。制定自身未来职业规划，精心设计一份职业规划蓝图。

3. 训练评价

（1）对劳动意识、劳动观念和劳动认同产生体会与感悟。（20分）

（2）社会志愿者服务公益项目的设计理念与可行性分析认真、客观。（30分）

（3）自身未来职业规划蓝图具有可行性与创新性。（30分）

（4）语言表达清晰、准确、逻辑性强。（20分）

项目二

劳动教育实践

➢ 知识目标

1. 正确认识劳动教育实践的内涵、内容、意义及具体实施路径。
2. 正确认识家庭劳动教育实践的内涵、意义、具体实施方法及注意事项。
3. 正确认识学校劳动教育实践的内涵、主要内容、形式特点及实践策略。
4. 理解并掌握社会劳动教育实践的实施路径。

➢ 能力目标

1. 具备通过主动学习、训练获得某种职业或生产劳动所需要的专业知识、职业技能的能力。
2. 具备应用新知识、新技术、新工艺、新方法,创造性地解决实际问题的能力。

➢ 素养目标

1. 树立正确的劳动观,崇尚劳动、尊重劳动,增强对劳动人民的感情,报效国家、奉献社会。
2. 注重新兴技术支撑和社会服务新变化,培养科学探索精神,提高创造性劳动能力。

项目导读

　　劳动教育实践，不仅是对理论知识的具体应用，更是培养学生综合素质、锻炼学生实践能力的重要途径。通过本项目的学习与实践，你将在真实或模拟的劳动场景中，感受到劳动的艰辛与乐趣，领悟到劳动教育的真谛。

　　首先，劳动教育实践强调"知行合一"。理论知识是指导我们行动的灯塔，但只有将理论知识转化为实际行动，才能真正发挥其价值。在本项目中，你将有机会参与到各种劳动实践活动中，如手工制作、农田劳作、社区服务等。这些活动不仅要求你动手操作，更需要你动脑思考，将所学的理论知识与实际操作相结合，从而达到"知行合一"的境界。

　　其次，劳动教育实践注重培养学生的实践能力。实践能力是现代社会对人才的基本要求之一。通过劳动实践，你可以锻炼自己的观察力、分析力、解决问题的能力及团队协作能力。例如，在农田劳作中，你需要观察作物的生长情况，分析土壤和气候对作物的影响，并与其他同学合作完成耕种、施肥、除草等任务。这些过程将极大地提升你的实践能力，为你未来的工作和生活打下坚实的基础。

　　再次，劳动教育实践还强调培养学生的创新精神和创造能力。在劳动中，我们不仅需要重复已有的经验和技能，更需要不断探索新的方法和思路，寻求更加高效、环保的劳动方式。通过本项目的实践活动，你将有机会接触到各种新的劳动工具和技术，激发你的创新思维和创造潜力。例如，在制作手工艺品时，你可以尝试使用新的材料或设计新的款式，从而创作出独一无二的作品。

　　从次，劳动教育实践也是培养学生社会责任感和职业道德的重要途径。在劳动中，我们不仅要为自己创造财富和价值，更要为社会做出贡献。通过参与社区服务、环保公益等劳动实践活动，你将深刻体会到个人与社会、劳动与幸福之间的紧密联系。这些经历将帮助你建立起正确的价值观和职业道德观，使你成为一个有担当、有责任心的社会公民。

　　最后，值得一提的是，劳动教育实践是一种愉悦的体验过程。在劳动中，我们可以感受到自己的成长和进步，体验到收获和成功的喜悦。无论是制作出一件精美的手工艺品，还是种出一片丰收的农田，都是对我们辛勤付出的最好回报。通过本项目的学习与实践，你将发现劳动不仅是一种生存的手段，更是一种生活的乐趣和精神的追求。

　　在本项目的学习过程中，我们鼓励你积极参与、大胆尝试、勇于挑战自己。只有真正投入到劳动实践中，你才能感受到劳动的魅力和价值所在。同时，我们也希望你能够将所学的知识和技能应用到实际生活中，用双手去创造更加美好的未来。相信通过本项目的学习与实践，你一定能够成为一个更加优秀、更加全面的人。

 案例导入

劳动教育是每名学生的必修课

"我们班的菜园,一个超长寒假不见,都快荒芜了。原本准备这个学期种植有机花菜,现在还没开学,不知道还来得及吗?""去年我们种的油菜,都没看到开花,再过段时间直接就可以收获菜籽了。""我们班级负责的绿地,一个寒假过去,都长杂草了。现在开学了,我们一定好好养护照顾,让班级负责的绿地更加精致、美丽。"这两天,浙江农林大学各年级学生陆续返校。不少学生回到校园的第一件事情,就是去班级管理的绿地和菜园看看各种植物长得如何,一起盘算接下来种植什么农作物。

60余年鼓励学生参加劳动

2020年3月,中共中央、国务院印发《关于全面加强新时代大中小学劳动教育的意见》,强调劳动教育是中国特色社会主义教育制度的重要内容。《意见》的发布引起了浙江农林大学广大师生的高度关注,大家纷纷举双手表示支持。

"在我们农学院,每个班级都有一块属于自己的土地,春耕夏耘,秋收冬藏。大家在地里劳动,浇水施肥,感受劳动的意义。到了期末的时候,老师还会根据我们的劳动表现进行打分,综合评价劳动成果。我们也在劳动中收获了友谊和成长,学会了珍惜和感恩。"得知全国各个学段的学生都要加强劳动教育,浙江农林大学农学院大三学生曹宇钦深有感触。

中美两位伟大的教育家确立的信条式教育命题,分别揭示了教育与生活的本质联系,即杜威提出的"教育即生活"和陶行知倡导的"生活即教育"。浙江农林大学从1958年建校第一天开始,就将劳动课设置为全体学生的必修课,使用锄头等工具更是当时农林学子必须掌握的技能。该校老校区的不少老房子、运动场,就是当时的学生共同参与建设的。

进入21世纪以后,为更好地发扬这一优良传统,浙江农林大学将学校所有的绿地分给各个班级管护,鼓励学生参与校园里的绿地管护、植树锄草等传统的体力劳动。与此同时,浙江农林大学还经常组织学生在校内农作园里参与挖番薯、割水稻、收大豆、玉米,播种土豆、油菜等各种农业劳动。如今,说起参加劳动,接受劳动教育,浙江农林大学不少学生首先想到的就是参加校园里的劳作。学校里专门的农作园是大家接受劳动教育的重要平台。

开辟农作园提供实践平台

在推进新农科建设的过程中,涉农高校的学生不仅需要学习高精尖的技术,更需要了解播种节气、农作技能,培养对农业的情怀。为此,学校专门在校园里开辟了面积达百亩的学生农作园,并将相关土地分配给大一、大二农学类专业班级,鼓励这些班级的学生在

菜地里种瓜种菜，利用课余时间管理菜地，开展生产劳动。为了更好地指导学生从事农业生产，该校还专门聘请附近农民指导学生参与施肥、翻整、起垄等劳动生产活动，同时选育了各种果蔬的小苗，分配给学生耕种。

有了属于班集体的菜地后，学生们就有了一个亲近自然、体验农作生活的机会，学校也将栽培学、农作学、园艺设施学等课程开设于田间。如何经营管理好这块菜地，成为每个班级的同学共同关心的内容。有的班级按照学号组织学生除草、施肥、浇水，有的班级每周组织全班学生共同到菜园劳动，有的班级尝试把菜地里种植的蔬菜拿到市场上去销售，有的班级组织学生开展劳动竞赛……通过参与劳动，学生不仅增强了团队意识，而且逐步形成了尊重劳动、感恩自然的良好氛围。

如今，每到蔬菜成熟的时候，浙江农林大学农学院的"种菜课"考试也随之开始，菜园管得好不好，菜种得好不好，同学们参与度高不高都是打分的依据。农学专业的学生俞丹锋从小到大没有干过农活，入校后经过锻炼，如今干起农活已经有模有样。"作为农学专业的大学生，从事农业劳动其实是我们的必修课，通过参加集体耕种，我们不仅学到了从事农耕的基本技能，而且提升了整个班级的集体荣誉感。"

与农民同吃同住同劳动

在加强学生劳动教育的探索中，浙江农林大学还连续多年实施学生暑期驻村劳动项目，学校与金华市各县区、杭州市临安区等地开展合作，利用暑假选派有志于从事乡村建设工作的学生前往农村开展劳动。每年暑假一开始，学校就会选派一批学生"进驻"相关县市区的各个乡镇，开展以"服务乡村振兴"等为主题的大学生驻村劳动。

在驻村劳动期间，学生结合自己的专业和兴趣，帮助村民设计庭院、深入茶园调研农村集体经济经营状况、指导农户开展垃圾分类、与村干部开展五水共治、协助群众规划乡村旅游项目，通过与农民同劳动，参与村务管理、深入调研农村情况、学习务农技术。他们在完成实践后还要提交实践报告，最终可以获得实践学分。

现在已毕业的陈佳敏，曾和同学先后深入金华市黄宅镇的7个行政村，跟着杨剑等村干部参与当地的基层党建、美丽庭院规划、环境综合整治等工作，在和农民同吃同住同劳动中增长见识，了解农村。陈佳敏觉得，通过驻村劳动自己不仅了解了农村的实际情况，而且通过与普通农民一起劳动培养了对农民的感情，树立了"知农、学农、爱农、志农"的理想信念，丰富了农村工作知识和实践体验。

对于组织学生深入农村基层开展驻村实习，指导老师叶斌表示："农村是一个广阔的天地，为大学生搭建了一个干事创业、施展才华的大舞台，到基层就业创业会有更多发展机会。我们鼓励同学们到农村基层开展驻村劳动，帮助他们在劳动中掌握基层工作的知识能力、方式方法，使他们具备在基层工作的综合素质，同时培养学生对农民的感情，这对于引导他们更好地服务乡村振兴将起到积极作用。"

劳动构成人才培养重要部分

随着劳动教育的持续开展，在浙江农林大学校园里，学生们参与各种劳动的平台越来越多，除了到农作园里种菜、暑假驻村劳动等，学校还将拥有3000多种植物、总面积将近3000亩的校园全部"承包"给全校学生义务管护，鼓励学生在课余时间参加绿地管护、给花木施肥等各种劳动，将珍惜劳动果实，尊重感恩自然的美德传承下去。到了秋天，大家可以扛起锄头挖番薯，拿起镰刀割水稻，伸出双手拔萝卜……在劳动中共享收获的幸福。

随着时代的变化，近年来，该校劳动课程的形式也在不断转变：除参加传统体力劳动外，学校还积极鼓励学生参与食堂卫生清洁、校园教室管护、文化氛围维护等校园劳动，以及交通秩序维护、医院就医引导等社会劳动，对于在计算机等方面有专业技能的学生，积极鼓励他们以志愿劳动的形式，为同学们维修电脑等。学生还可以根据参与劳动的时长，申请相应的思政类实践学分。

"教育可以生活化，也可以学习化，一直以来，我们坚持鼓励广大学生积极参加劳动。不断加强学生的劳动教育，也是学校践行立德树人根本任务的重要举措。"浙江农林大学校长应义斌十分支持学生参与各种劳动，"教育不能是空心的，不能没有根基、没有生活，否则我们的教育就不会成功。我们一直鼓励学生参与各种劳动，就是想让学生在劳动中学习到课堂上学不到的东西，在劳动中去认识自身价值，找到生活态度……"

应义斌表示，到农作园劳动、驻村劳动、参与绿地养护等形式的劳动，可以培养学生热爱劳动的意识，更好地回应习近平总书记对涉农高校的回信精神，引导学生以实际行动践行"以立德树人为根本、以强农兴农为己任"的要求。学校鼓励学生积极参与课余劳动，希望学生能将专业学习与社会实践等第二、三课堂结合，增强学生的奉献意识和动手能力，让学生养成热爱劳动、珍惜粮食的好习惯，能够在日常生活中学会感恩社会、自觉践行核心价值观，进而在毕业后更好地服务乡村振兴，成为推进中国梦实现的生力军。

分析：浙江农林大学学生通过管好绿地种好菜，在春耕秋收中学会成长。班级的学生在菜地里种瓜种菜，利用课余时间管理菜地、开展生产劳动，在劳动中了解耕种节气、农作技能，培养对农业的情怀。学校将栽培学、农作学、园艺设施学等课程开设于田间，举办劳动竞赛，不仅增强了学生的团队意识，而且逐步形成了尊重劳动、感恩自然的良好氛围。同时，学校利用暑假开展以服务性劳动为主要内容、以"服务乡村振兴"等为主题的学生驻村劳动。学生结合自己的专业和兴趣，帮助村民设计庭院，深入茶园调研农村集体经济经营状况，指导农户开展垃圾分类，与村干部开展五水共治，协助群众规划乡村旅游项目……学生通过与农民同劳动，参与村务管理，丰富了农村工作知识和实践体验。

任务一
理解劳动教育实践

案例链接

2024年8月30日，古丈坪社区洋溢着不同寻常的活力。一群中专院校的学生身着统一的志愿者服装，在古阳河沿岸积极投身于由社区组织的"五社联动"志愿服务活动，以实际行动为社区的美化贡献自己的力量。

在活动中，学生们表现出高涨的热情，他们分工明确，一部分学生手持镰刀清除杂草，另一部分则负责收集垃圾。尽管劳动强度大，但他们的脸上都挂着笑容。一位参与活动的学生表示："能够为社区做出实际贡献，我感到非常有意义。"

当地居民对这一活动给予了高度评价，纷纷表达赞赏。居民李阿姨表示："看到这些年轻人如此积极地参与社区服务，我感到十分欣慰。希望此类活动能经常举办，让更多人加入其中。"

"五社联动"志愿服务活动的主要目标是清理古阳河河道两侧的杂草，以提升社区环境。古丈坪社区工作人员指出："我们期望通过此类活动，让学生们在实践中学习成长，同时为社区打造一个更加宜人的居住环境。"

据工作人员介绍，此次活动是社区响应国家号召，利用社会资源开展中小学社会实践活动的一部分，旨在为中专在校生提供一个暑期社会实践的平台。这不仅有助于培养学生的社会责任感，也让他们有机会了解社会、服务社区。社区希望通过这些实践，帮助学生树立正确的价值观，成为社会的有用之才。

通过"五社联动"志愿服务活动，古丈坪社区让年轻一代在实践中得到锻炼和成长。这种以党建引领、居民需求为导向的社区治理模式，正逐渐成为提升社区居民幸福感的重要途径。未来，古丈坪社区将继续探索更多创新的社区服务方式，致力于构建和谐美好的社区环境。

分析：这个案例充分展示了劳动教育实践对于青少年成长的重要性。通过亲身体验劳动的过程，学生们不仅理解了劳动的价值和意义，还在劳动中得到了锻炼和成长。这也证明了劳动教育在青少年成长过程中的必要性和深远影响，它能够帮助学生们树立正确的劳动观念，培养他们的职业素养和道德品质，为他们未来的发展奠定坚实的基础。

知识学堂

劳动教育实践是中国特色社会主义教育制度的重要内容，是使劳动理论学习和实践活动相统一的劳动实践过程，它直接决定着社会主义建设者和接班人的劳动精神面貌、劳动价值取向和劳动技能水平。通过劳动教育实践，学生能够在获得劳动知识的同时，锻炼劳动技能，具备满足生存发展需要的基本劳动能力，形成良好的劳动习惯。

一、劳动教育实践的内涵

劳动教育实践是指通过组织各种形式的劳动活动，引导学习者亲身参与劳动过程，体验劳动的艰辛与乐趣，从而培养劳动技能、劳动态度和劳动价值观的教育过程。它强调学习者的主体性和实践性，注重在真实的劳动情境中培养学习者的劳动素养。

二、劳动教育实践的内容

中共中央、国务院发布的《关于全面加强新时代大中小学劳动教育的意见》（以下简称《意见》）提出，根据教育目标，针对不同学段、类型学生特点，以日常生活劳动、生产劳动和服务性劳动为主要内容开展劳动教育。根据马克思主义劳动观，劳动可分为生产劳动和非生产劳动，劳动教育也可分为生产劳动教育和非生产劳动教育。考虑到劳动教育内容的针对性和可行性，《意见》又将非生产劳动教育分为日常生活劳动教育和服务性劳动教育。前者注重使学生在个人生活自理中强化劳动自立意识，体验持家之道，这也是学生健康发展、适应社会生活的重要基础；后者具有较强的时代特点，注重鼓励学生利用知识、技能、工具、设备等为他人和社会提供服务，特别是在公益劳动、志愿服务中强化社会责任，培养良好的社会公德。

以培养德智体美劳全面发展的人为目标开展劳动教育实践，要拓宽范围，家庭、学校、社会一个都不能少。《意见》特别强调："家庭要发挥在劳动教育中的基础作用""学校要发挥在劳动教育中的主导作用""社会要发挥在劳动教育中的支持作用"。

三、树立新时代劳动教育实践观

《意见》指出，劳动教育应体现时代特征，适应科技发展和产业变革，针对劳动新形态，注重新兴技术支撑和社会服务新变化；深化产教融合，改进劳动教育方式；强化诚实合法劳动意识，培养科学精神，提高创造性劳动能力。中等职业学校重点是结合专业人才培养，增强学生职业荣誉感，提高职业技能水平，培育学生精益求精的工匠精神和爱岗敬业的劳动态度。

人工智能、大数据、物联网等技术，改变了世界的生产和生活形式，劳动的对象变了，劳动的工具、方式、技术也变了。新时代的劳动者将是知识型劳动者，他们的劳动需要新知识，需要运用智能化工具，而不再是体力劳动的重复。劳动训练、实践和技能也表现出相应的新形式，不再是手把手传授。劳动出现的新形式，促使人们形成了新的劳动观念，中职教育也要适应劳动新方法和职业新生态，创造"新的"劳动教育。新时代，劳动教育必须融入技术、创造等现代化元素，让学生在技术性、创造性的劳动成果面前感受劳动的价值，理解劳动和创造的伟大。

四、劳动教育实践的意义

促进"知行合一"：劳动教育实践将理论知识与实际操作相结合，使学习者在劳动中掌握知识，实现"知行合一"。这种教育方式有助于提高学习者的学习兴趣和积极性，促进其对知识的深入理解和运用。

培养劳动素养：通过劳动教育实践，学习者可以掌握基本的劳动技能，培养勤劳、敬业、创新、奉献等劳动精神。这些劳动素养对于个体的全面发展和未来的职业生涯具有重要的促进作用。

增强社会责任感：劳动教育实践使学习者更加深入地了解社会生产和生活的过程，增强了其对社会的认知和理解。通过参与社会公益活动，学习者可以培养社会责任感，积极投身于社会建设。

五、劳动教育实践的具体实施路径

校园劳动实践：学校可以组织各种形式的校园劳动实践活动，如打扫卫生、绿化种植、校园维修等。这些活动旨在培养学习者的劳动技能和劳动态度，同时增强其对校园环境的爱护意识。

家务劳动实践：家庭是劳动教育的重要场所。家长可以引导子女参与家务劳动，如烹饪、洗涤、整理房间等。通过家务劳动实践，子女可以培养独立生活的能力和家庭责任感。

社会服务实践：学校可以组织学生参与社会公益活动，如志愿者服务、环保行动等。这些活动旨在培养学生的社会责任感和奉献精神，同时增强其对社会的认知和理解。

职业技能实践：针对职业教育阶段的学生，学校可以组织职业技能实践活动，如企业实习、职业技能培训等。这些活动旨在帮助学生掌握一技之长，为未来的职业生涯做好准备。

案例链接

教育是国之大计，党之大计，为实现"两个一百年"奋斗目标和中华民族伟大复兴的中国梦，教育更是发挥了重要作用，教育功在当代，利在千秋。教育对一个国家来说是一件大事，对一个家庭来讲更是一件大事。由于家庭因素及其他原因，一部分适龄儿童无法正常入学，对上学的渴望也只能是一种奢望，但张桂梅，一个62岁的老太太，瘦弱多病、无家无子，却用行动让1645名贫困女孩迈向了继续深造之路，实现了华丽转身，她就是人间的"天使"。

做好一件事情并不难，难的是一辈子做好一件事。对张桂梅来说，她这一辈子都在为贫困孩子的教育操心和操劳。为建立一所免费女子高中，面对旁人的不解、质疑甚至是谩骂，她都不予理会，牢记自己的初心，勇挑教育的重担。为改变贫困山区教育落后面貌，尤其是女孩受教育程度低的现实情况，她四处奔走，拉赞助，搞募捐，最终在她的不懈努力之下，免费女子高中成立了。这不仅仅是一所学校，更是无数贫困女孩改变命运的希望之门，在她的辛勤付出之下，女子学校取得了可喜成绩。

张桂梅由一名普通的中学老师，义务当政府新建的华坪县儿童之家的院长，再到云南省华坪县女子高中党总支书记、校长，这一个个身份的转变和叠加，对她来说不仅是一个称谓的改变，更是一份沉甸甸的责任。身患疾病的她，把地方政府的关心和照顾，都化作了她为当地教育事业做努力贡献的动力，她不为名利，不图回报，只为让贫困的孩子能够通过读书来改变自己的命运，她用勤劳的双手撑起了贫困孩子未来的天空。

十年树木百年树人，张桂梅用自己的教育初心，通过19年的努力实践创造了一个又一个教育奇迹，她知行合一，身体力行，用行动为我们广大党员干部上了一堂生动的"不忘初心、牢记使命"主题教育活动课。她是用行动让贫困女孩华丽转身的"天使"。

六、劳动教育实践中的挑战与对策

在劳动教育实践中，我们面临着一些挑战，如资源不足、师资匮乏、安全问题等。为了迎接这些挑战，我们可以采取以下对策：

加强资源整合：充分利用社会资源，与企业、社区等合作，共同开展劳动教育实践活动。同时，加强校内资源整合，实现资源共享和优化配置。

加强师资队伍建设：加大对劳动教育教师的培训力度，提高其专业素养和实践能力。同时，积极引进优秀人才，壮大劳动教育师资队伍。

强化安全管理：制定完善的安全管理制度和应急预案，确保劳动教育实践活动能够安全有序地进行。加强对学习者的安全教育，提高其安全意识和自我保护能力。

劳动教育实践是培养个体劳动素养的重要途径，对于促进知行合一、培养劳动精神和社会责任感具有重要的意义。我们应该充分认识劳动教育实践的重要性，积极探索其实施路径和方法，努力克服实践中的挑战和困难，为培养全面发展的新时代劳动者贡献力量。

劳动任务清单（四）

学会生存技能

一日生存体验

西方有一句谚语："当小孩子呆立不动，定然是做错了事情。"也可以说，每个人的童年都是在"探险"中获得了智慧和经验。在"探险"里没有恐惧，有的是凭着信心，在"探险"中不断地体验，最终实现梦想！而每一次在"探险"中小小的体验，都是通往梦想路上的小石子，弥足珍贵。

"一日生存体验"活动要求每位体验者利用两元钱的生存基金，自主制订生存方案，生存一天。早上七点，在雷雨的陪伴下，22名同学分为五个团队准时出发，开始了一天的生存体验。雷雨交加的天气，给同学们的生存体验增加了难度。一天的体验结束后，五个团队各有所获，创收最多的团队，净赚了111元。

知易行难，通过这次生存体验，同学们挑战了自我极限，深刻体会到生存之不易，既锻炼了毅力，也增强了团队合作精神。

试一试：

1. 查找关于一日生存体验的例子，并分组汇报展示。
2. 尝试参与一次一日生存体验。

劳动任务清单

任务名称	一日生存体验	学生姓名	
劳动时间		劳动地点	
劳动成果展示			
（图文混合展示）			
劳动体悟与反思			

劳动体悟：

劳动经验：

自我评价：

续表

知识掌握清单			
评价要点： 1. 了解一日生存所需物品； 2. 认识一日生存带来的收获。			
评价			
不合格	合格	良	优
练习和观察清单			
评价要点： 1. 成功掌握一日生存技能； 2. 能简要记录一日生存的过程状态。			
评价			
不合格	合格	良	优
鉴定结果	合格□		不合格□

给学生的反馈：

如果不合格，需要重新鉴定的说明：

鉴定教师签字：　　　　日期：

任务二
家庭劳动教育实践培养生活技能

案例链接

张悦是一个12岁的城市女孩,家庭生活条件优越,从小就被家人宠爱。在她的成长过程中,很少有机会接触到真正的劳动,生活技能也相对欠缺。然而,一次家庭劳动教育实践彻底改变了她的生活。

张悦的父母意识到女儿缺乏基本的生活技能,决定通过家庭劳动教育培养她的独立性和自理能力。他们制订了一个家庭劳动计划,让张悦参与日常的家务劳动,如打扫卫生、整理房间、烹饪等。

起初,张悦对这些家务劳动充满了抵触情绪,她认为这些都是琐碎无聊的工作。然而,在父母的鼓励和引导下,她逐渐发现了劳动的乐趣和意义。她学会了如何高效地打扫卫生,如何整理房间让家里看起来更加整洁舒适,甚至还学会了烹饪一些简单的菜肴。

通过家庭劳动教育实践,张悦不仅掌握了基本的生活技能,还培养了耐心和毅力。她发现,劳动并不是一件轻松的事情,需要付出努力和汗水。但是,当看到自己的劳动成果时,她感受到前所未有的成就感和自豪感。这种成就感和自豪感让她更加珍惜自己的劳动成果,也更加懂得感恩和尊重他人的劳动。

除了生活技能的培养,家庭劳动教育实践还让张悦更加独立和自信。她不再依赖父母来照顾自己的生活起居,而是能够自己独立完成一些日常的家务劳动。这种独立性和自理能力的提升让她能更加自信地面对未来的挑战。

分析:这个案例充分展示了家庭劳动教育实践在培养青少年生活技能方面的重要作用。通过参与家庭劳动,张悦不仅学会了基本的生活技能,还培养了耐心、毅力和独立性等品质。这些品质将伴随她一生,成为她未来成功的重要基石。同时,这也证明了家庭劳动教育在青少年成长过程中的必要性和深远影响。

知识学堂

家庭因其劳动机会的日常性、自我服务性优势,在培养学生热爱劳动、养成良好的劳动习惯、形成正确的劳动价值观上具有得天独厚的条件,在劳动教育中具有基础性作用。从劳动教育的类型来看,家庭劳动教育以日常生活劳动教育为主。父母是孩子的第一任老师，应充分发挥家庭对孩子的劳动教育作用，促进其德行养成、人格塑造及综合素养的培养。

一、生活技能的内涵

世界卫生组织将生活技能定义为"使个人能够有效应对日常生活的需求和挑战的适应和积极行为的能力"。生活技能是发展独立生活能力的基础。中国青年报社社会调查中心的调查结果显示，对于加强青少年的劳动教育，70.5%的受访青年建议注重培养青少年的生活自理能力，65.4%的受访青年期待开展相应课程，把劳动教育纳入人才培养全过程，64.3%的受访青年表示希望多鼓励青少年参加社会实践和志愿服务活动，61.8%的受访青年认为家庭要给孩子安排力所能及的家务活，41.2%的受访青年希望切实提高劳模待遇和社会地位，形成人人尊敬劳模的社会氛围。

二、以家务劳动为核心的家庭劳动教育实践促进独立人格培养

以家务劳动为核心的家庭劳动教育实践对个人生活自理能力的提升具有不可替代的作用。美国心理学家埃里克森认为，人的自我意识发展持续一生，他把自我意识的形成和发展过程划分为八个阶段，每一个阶段都有应该完成的任务。他认为，学龄期（7～12岁）的孩子表现为勤奋与自卑的冲突，在这一阶段要训练孩子适应社会、掌握今后生活所必需的知识和技能，使他们在今后独立生活和承担工作任务时充满信心，否则就会产生自卑心理；青春期（12～18岁）表现为自我同一性和角色混乱的冲突。家务劳动能让青少年摆正自己在家中的位置，让他们在家务劳动中寻找到真正的自我，认清自己的角色，从而缓解自我同一性和角色混乱的冲突。在日常生活劳动教育中，家长重在通过教育孩子"自己的事情自己做"，让孩子树立自我意识，养成独立生活习惯，形成独立人格。

三、家庭劳动教育实践的内涵

家庭劳动教育实践是指在家庭环境中，通过引导子女参与各种形式的家务劳动，培养其劳动技能、劳动态度和劳动习惯的教育过程。它强调家庭成员的参与和互动，注重在真实的家庭生活中培养子女的劳动素养和生活技能。

案例链接

司马光教子

司马康，字公休，陕州夏县（今属山西）人，司马光大哥司马旦之子，后来过继给司

马光为子。

司马光在工作和生活中都十分注意教育孩子力戒奢侈、谨身节用。

为了完成《资治通鉴》这部历史巨著，司马光不但找来范祖禹、刘恕、刘攽当助手，还让自己的儿子司马康也来参加这项工作。

当他看到儿子读书用指甲抓书页时，非常生气，认真地传授给他爱护书籍的经验与方法：读书前，先要把书桌擦干净，垫上桌布；读书时，要坐得端端正正；翻书页时，要先用右手拇指的侧面把书页的边缘托起，再用食指轻轻盖住以揭开一页，并告诫儿子说：做生意的人要多积蓄一些本钱，读书人就应该好好爱护书籍。

在生活方面，司马光节俭纯朴，"平生衣取蔽寒，食取充腹"，但却"不敢服垢弊以矫俗干名"。他常常教育儿子说，食丰而生奢，阔盛而生侈。

为了使儿子认识到崇尚俭朴的重要性，他以家书的体裁写了一篇论俭约的文章。在文章中他强烈反对生活奢靡，极力提倡节俭朴实。

他还不断告诫孩子说：读书要认真，工作要踏实，生活要俭朴，这些表面上看来皆不是经国大事，然而，实质上是兴家繁国之基业。司马光关于"由俭入奢易，由奢入俭难"的警句，已成为世人传诵的名言。

四、家庭劳动教育实践的意义

培养生活技能：通过参与家务劳动，子女可以掌握基本的生活技能，如烹饪、洗涤、整理等。这些技能对于个体的独立生活和未来的家庭生活具有重要的促进作用。

增强家庭责任感：家庭劳动教育实践使子女更加深入地了解家庭生活的运作过程，从而增强其对家庭的认知和理解。通过参与家务劳动，子女可以培养家庭责任感，做到积极为家庭付出。

促进亲子关系：家庭劳动教育实践为家庭成员提供了共同参与、互动的机会，有助于增进亲子之间的情感交流和理解。通过共同劳动，家长与子女可以建立更加紧密的关系。

培养勤劳品质：勤劳是中华民族的传统美德之一。通过家庭劳动教育实践，家长可以引导子女养成勤劳的习惯，培养其吃苦耐劳、自强不息的精神品质。

五、家庭劳动教育实践的具体实施方法

制订家务劳动计划：家长应根据子女的年龄、能力和家庭实际情况，制订合理的家务劳动计划。计划应明确具体的劳动任务、时间和频率，以确保子女能够有序地参与家务劳动。

示范与指导：家长应以身作则，积极参与家务劳动，为子女树立良好的榜样。同时，

家长应给予子女必要的指导和帮助，教会他们正确的劳动方法和技巧。

激励与鼓励：家长与子女之间应建立激励机制，对子女在家务劳动中的表现给予及时的肯定和鼓励。这可以增强子女的自信心和积极性，促使他们更加主动地参与家务劳动。

培养自主意识：家长应尊重子女的主体地位，鼓励他们自主选择劳动任务并独立完成。这有助于培养子女的自主意识和独立生活能力。

创设劳动氛围：家长可以通过与子女共同布置家庭环境、设立劳动角等方式，创设良好的劳动氛围。这有助于激发子女的劳动兴趣，使他们更加乐于参与家务劳动。

六、家庭劳动教育实践中的注意事项

安全第一：在引导子女参与家务劳动时，家长应始终关注安全问题，确保子女在劳动过程中的人身安全。

循序渐进：家长应根据子女的年龄和能力循序渐进地增加劳动任务的难度和数量，避免过度劳动给子女带来身心负担。

保持耐心：家庭劳动教育实践是一个长期的过程，需要家长的耐心和坚持。家长应保持平和的心态，对子女在劳动中出现的错误和不足给予理解和指导。

家庭劳动教育实践是培养个体生活技能、增强家庭责任感及促进亲子关系的重要途径。家长应充分认识家庭劳动教育的重要性，积极探索适合子女的实施方法，为子女的全面发展奠定坚实的基础。同时，学校和社会也应加强对家庭劳动教育的支持和指导，共同营造崇尚劳动、尊重劳动者的良好氛围。

劳动任务清单（五）

认识生产劳动，体悟劳动创造价值

锤炼技能，绽放风采

5月12日至14日，2023年浙江省省级职工职业技能竞赛模具工、模具设计师赛项在乐清市虹桥职业技术学校举办。

据介绍，在工业生产制造行业，模具起着十分重要的作用，而浙江省模具产业的总规模达到1300亿元，彰显出其强大实力。举办本次大赛，不仅可以促进模具相关从业人员相互之间开展技术交流，也有助于提升模具行业在职人员的技术水平，更利于企业开拓视野。

据悉，本次大赛以"新时代 新技能 新梦想"为主题，由浙江省总工会主办，温州市总工会、浙江省模具行业协会承办，乐清市总工会、乐清市虹桥职业技术学校协办。来自浙江各地的54位选手同台竞技，展现浙江省模具工、模具设计师的职工风采及其精益求精的工匠精神，充分体现浙江省模具行业的技术水平。

打开电脑绘制模具三维总装图、加工零件……走进比赛现场，只见选手们戴着护目镜、蓝色手套，双手娴熟地在电子屏幕上操作，全身心地投入到模具加工中。每位选手都沉着应赛，以扎实的学科功底、精湛的操作技能，充分展示了浙江省职业技能人员良好的职业素养和过硬的职业技能。

此次大赛，旨在大力弘扬工匠精神，倡导"崇实尚业"之风，营造尊重技能人才的社会氛围，让尊重劳动、尊重技术、尊重创造成为社会共识。通过"以赛促技"的形式，把技能比赛与职业技能鉴定相结合，实现选拔技能人才的目的。通过让广大企业职工积极参与，掀起钻研技能、提升技能的热潮，更好地激励大家学习技能、投身技能、提升技能，为提升企业自主创新能力、加快转型升级提供强有力的技能人才支撑。

试一试：

1. 查找以竞赛的方式锤炼技能的例子，并分组汇报展示。
2. 尝试自己参与一次与自己专业相关的技能竞赛。

劳动任务清单

任务名称	锤炼技能，绽放风采	学生姓名	
劳动时间		劳动地点	

劳动成果展示
（图文混合展示）

劳动体悟与反思

劳动体悟：

劳动经验：

自我评价：

续表

知识掌握清单				
评价要点： 1. 了解以竞赛方式锤炼技能的相关信息； 2. 了解锤炼技能的不同竞赛方式。				
评价				
不合格	合格		良	优
练习和观察清单				
评价要点： 1. 成功掌握锤炼技能的方法； 2. 能简要记录锤炼技能的过程状态。				
评价				
不合格	合格		良	优
鉴定结果	合格□		不合格□	

给学生的反馈：

如果不合格，需要重新鉴定的说明：

鉴定教师签字： 　　　　日期：

任务三
学校劳动教育实践培养职业技能

案例链接

　　明光职业技术学校，不仅注重学术教育，更重视学生的全面发展，特别是职业技能的培养。王梓是该校的一名普通学生，他正是通过学校的劳动教育实践，逐步培养了自己的职业技能，为未来的职业生涯奠定了坚实的基础。

　　王梓从小就对机械制造感兴趣，经常拆卸各种小玩具，试图了解它们的内部结构和工作原理。然而，由于家庭条件的限制，他很少有机会接触到真正的机械制造工具和技术。进入职业技术学校后，王梓发现学校开设了一门独特的劳动教育课程——机械制造实践。这门课程不仅教授学生基本的机械制造知识，还提供实践机会，让学生在真实的机械制造环境中学习和锻炼。

　　在机械制造实践课程中，王梓第一次亲手操作了机床、钻床等机械设备。他感到既兴奋又紧张，因为这些设备对他来说都是陌生的。在老师的耐心指导下，他逐渐掌握了这些设备的基本操作方法和安全注意事项。通过不断的练习和实践，王梓的机械制造技能得到了快速的提升。

　　除基本的机械制造技能外，王梓还学到了很多实用的职业技能。例如，他学会了如何根据图纸进行精确的测量和切割，如何调整设备的参数以达到最佳的加工效果，以及如何处理加工过程中出现的各种问题和故障。这些技能不仅让他更加熟练地操作机械设备，还培养了他的观察力、分析力和解决问题的能力。

　　在机械制造实践课程中，王梓还提升了他的团队合作和项目管理等职业素养。在小组合作项目中，他需要与同学密切协作，共同完成任务。这让他学会了如何与他人有效沟通、如何分工合作、如何解决团队中的冲突和问题。这些职业素养的培养为他未来的职业生涯做好了充分的准备。

　　通过一年的机械制造实践课程学习，王梓不仅掌握了基本的机械制造技能并提升了职业素养，还对自己未来的职业方向有了更加清晰的认识。他意识到自己对机械制造有着浓厚的兴趣和天赋，决定将来从事与机械制造相关的职业。

　　为了进一步提升自己的职业技能和竞争力，王梓还利用课余时间参加了学校组织的各种劳动教育实践活动。例如，他参加了学校的机械创新设计大赛，与同学一起设计并制造了一款实用的机械装置。在这个过程中，他不仅锻炼了自己的机械制造技能，还学会了如何将理论知识与实践相结合，如何进行创新设计和优化改进。

此外，王梓还积极参加学校的校企合作项目，得以进入企业的生产车间，亲身体验真实的生产环境和工作流程。在企业导师的指导下，他参与了产品的设计、加工和装配等环节的工作，深入了解了机械制造行业的现状和发展趋势。这段实习经历让他更加明确了自己的职业目标和发展方向。

通过学校的劳动教育实践培养，王梓不仅掌握了扎实的职业技能，还培养了良好的职业素养和综合素质。他以优异的成绩顺利考入了国内一所知名的机械制造类大学，继续深造并追求自己的职业梦想。在大学期间，他凭借着出色的专业技能和实践经验，多次获得奖学金和荣誉称号，还成功申请了多项专利。

如今，王梓已经毕业并成为一名优秀的机械工程师。他感慨地说："是明光中学的劳动教育实践让我找到了自己的职业方向和发展道路。感谢学校提供的宝贵机会和平台，让我在实践中成长、在挑战中超越。我将继续努力学习和工作，为社会创造更多的价值和贡献。"

分析：这个案例充分展示了学校劳动教育实践在培养青少年职业技能方面的重要作用。通过机械制造实践课程的学习和各种劳动教育实践活动的参与，王梓不仅掌握了扎实的职业技能，还培养了良好的职业素养和综合素质。这些经历和成果为他未来的职业生涯奠定了坚实的基础，也让他更加自信和坚定地追求自己的职业梦想。同时，这也证明了学校劳动教育实践的必要性和深远影响，它能够帮助学生更好地认识自己、发掘潜力并实现自我价值。

知识学堂

从劳动教育的类型上看，学校劳动教育以生产性劳动教育为主，学校劳动教育的基本职能是培养掌握现代技术、适应现代工业社会发展的劳动者。中职院校要将劳动教育融于人才培养、社会服务等功能中，发挥职业教育的特长优势，主动开展劳动教育。中职教育就是让学生通过主动的学习、训练，来获得某种职业或生产劳动所需要的专业知识、专门技能和基本职业道德素养的教育，是为未来的劳动做准备，同时也使学生在"职业劳动"的实践训练过程中获得成长。

一、学校劳动教育实践的内涵与目标

学校劳动教育实践是指通过组织学生参与各种形式的劳动活动，培养其劳动技能、职业素养和创新创业精神的教育过程。其目标在于帮助学生树立正确的劳动观念，使其掌握基本的职业技能，提高就业创业能力，为未来的职业生涯奠定坚实基础。

二、学校劳动教育实践的主要内容

首先，培育学生对劳动的认识，使他们认识到劳动的重要性和价值，并确立正确的劳动观念。其次，向学生传授基础劳动技能，这些技能包括日常生活技能、手工制作技能及农业劳动技能等。再次，指导学生参与校园环境的维护与管理，例如进行清洁卫生工作和绿化美化活动。此外，组织学生参与社会实践活动，如社区服务和公益劳动，旨在增强他们的社会责任感和实际操作能力。最后，开展劳动教育课程，通过课堂教学、实际操作和项目研究等多种教学方式，使学生在劳动中学习，在学习中劳动，从而达到知识与行动的统一。

三、学校劳动教育实践的形式及特点

"课堂教学、实践教学和社会服务"是中职劳动教育的基本形式，"校内实训基地、校外实习基地和社区服务"是中职劳动教育实践的主要载体，"劳动教育融入专业课程和日常管理"是中职劳动教育实践的有效途径，"日常行为规范的养成教育和劳动体验活动的持续开展"是中职劳动教育习惯养成和心理意识积淀的过程化培育方式，中等职业教育的本质特征决定了其劳动教育必须强调实用性和技能性。劳动本身不分贵贱，然而技能水平却有高低之分。中等职业教育的核心目的在于培养具备实用技术的专业人才和技艺精湛的工匠，以培育众多技能大师，为新兴产业的发展提供支持，为新动能的形成贡献力量。

四、学校劳动教育实践在培养职业技能方面的作用

提供实践平台：学校劳动教育实践为学生提供了将理论知识与实际操作相结合的平台。通过参与各种劳动活动，学生可以亲身感受职业环境，了解职业要求，从而更加明确自己的职业方向和发展目标。

培养职业素养：职业素养是个体在职业活动中所表现出的综合品质，包括职业道德、职业技能、职业行为等方面。学校劳动教育实践注重培养学生的职业素养，使其能够在未来的职业生涯中胜任岗位要求，具备良好的职业操守和团队合作精神。

激发创新创业精神：创新创业精神是现代社会对人才的重要要求之一。学校劳动教育实践通过组织各种创新性和创业性的劳动项目，激发学生的创新思维和创业意识，培养其勇于探索、敢于实践的精神品质。

> **案例链接**

老干妈的成功

"老干妈"一年能卖出 6 亿瓶,这是一个天文数字!陶华碧出生于 1947 年,那个时候中华人民共和国还没有成立,她是家里的老八,一出生就吃不饱穿不暖,每年只有到过年的时候才能吃一顿肉。

在 20 岁的时候,她的命运出现了转折,她嫁给了地质队的一个会计,生活上衣食无忧。可是,后来丈夫患了重病,卧床不起,她既要赚钱为丈夫治病,还要抚养两个未成年的儿子,全家的重担落到了她柔弱的肩膀上。不久,丈夫不幸去世,留下她们孤儿寡母。为了孩子,她坚决不改嫁,独自承担起抚养两个孩子的重任。为了挣钱,她在建筑公司背过黄泥巴,每次都要背 100 多斤,别人一天背十几趟,而她要背几十趟。为了挣钱,她摆摊卖过菜、开过凉粉摊,还开过简易的饭店。为了挣钱养家,她干了力所能及和力所不能及的脏活、累活!面对这样的苦难,是什么支撑着陶华碧,让她没有被苦难击垮,反而逆袭创造了别人难以企及的成就呢?陶华碧觉得自己做产品,质量永远是第一位的,把头像印在瓶子上,就是给消费者一种承诺、一种安心。如果质量出现一点问题,所有人都能认得出她。

陶华碧没有"术",她只用"善良"这个"道",便成就了今日的成功。

五、学校劳动教育实践的实施策略

课程设置与教材开发:学校应将劳动教育纳入课程体系,设置专门的劳动教育课程,并开发相应的教材。教材内容应紧密结合职业技能培养的要求,注重实践性和操作性,以激发学生的学习兴趣和积极性。

师资队伍建设:学校应加强劳动教育师资队伍建设,选拔具有丰富实践经验和良好职业素养的教师担任劳动教育课程的教学工作。同时,学校应定期组织教师培训,提高其专业素养和实践能力。

校企合作与实习实训:学校应积极与企业合作,建立校企合作机制,共同开展劳动教育实践活动。通过实习实训、企业参观等方式,学生可以更加深入地了解职业环境和岗位要求,提高自己的职业技能和就业竞争力。

评价机制与反馈调整:学校应建立完善的劳动教育评价机制,对学生的劳动实践成果进行客观、全面的评价。同时,学校应根据评价结果及时调整劳动教育实践的内容和方式,以确保其针对性和实效性。

六、学校劳动教育实践中的挑战与对策

在学校劳动教育实践中,我们面临着一些挑战,如资源不足、师资匮乏、学生参与度

不高等问题。为了应对这些挑战，我们可以采取以下对策：

加强资源整合与共享：学校应充分利用现有资源，加强与企业、社区等机构的合作与资源共享，为劳动教育实践提供充足的资源支持。

加大师资培训力度：学校应加大对劳动教育教师的培训力度，提高其专业素养和实践能力，为劳动教育实践提供有力的师资保障。

激发学生参与热情：学校应通过丰富多样的劳动教育活动和激励机制，激发学生的参与热情，提高其积极性和主动性。

完善评价与反馈机制：学校应建立完善的评价与反馈机制，及时了解学生的需求和意见，为劳动教育实践的改进提供有力支持。

学校劳动教育实践在培养学生职业技能方面发挥着重要作用。通过提供实践平台、培养职业素养和激发创新创业精神等策略的实施，学校可以有效地提高学生的职业技能水平和就业竞争力。同时，面对挑战和各种问题，学校应积极采取对策加以解决和完善，以确保劳动教育实践的顺利开展和实效性的提升。

劳动任务清单（六）

体悟劳动创造价值

零工经济就业群体劳动体验

体验劳动者的艰辛，意在脚踏实地，解决问题。只有参加劳动实践，体验者才能知道一线工作环境千差万别，劳动者各有各的难处，才能有针对性地找到解决问题的办法。

为了进一步做好零工经济就业群体服务工作，江西省组织党员干部带头开展实践活动，亲身体验外卖小哥、网约车司机等劳动者的日常工作。尽管事先已经做好了心理准备，但零工经济就业群体的艰辛还是超出体验者的预期，有干部用4个"真"表达了自己的体验感悟——真不容易、真不简单、真了不起、真需尊重；并深情感叹"他们需要工会帮助的地方太多了"。

只有参加劳动实践，体验者才能有针对性地找到解决问题的办法。譬如外卖小哥，送餐要骑车，要看导航，要注意交通规则，要保证食物完好无损，最重要的是还要赶时间，一心多用不仅辛苦，而且危险；又如户外劳动者，需要共享各类场所设施服务，渴望能有地方歇歇脚，喝口热水……

试一试：

1. 体会零工经济就业群体劳动的意义，并分组汇报展示。
2. 尝试自己参与一次零工经济劳动，对身边人进行采访。

劳动任务清单

任务名称	零工经济就业群体劳动体验	学生姓名	
劳动时间		劳动地点	
劳动成果展示			
（图文混合展示）			
劳动体悟与反思			

劳动体悟：

劳动经验：

自我评价：

续表

知识掌握清单
评价要点： 1. 了解零工经济就业群体的劳动体验； 2. 了解不同零工经济就业群体的劳动体验方式。

评价			
不合格	合格	良	优

练习和观察清单
评价要点： 1. 成功掌握零工经济就业群体的劳动体验方法； 2. 能简要记录零工经济就业群体的劳动体验过程状态。

评价			
不合格	合格	良	优

鉴定结果	合格□	不合格□

给学生的反馈：

如果不合格，需要重新鉴定的说明：

鉴定教师签字：　　　　　日期：

任务四
社会劳动教育实践培养社会技能

案例链接

在快节奏、高压力的现代社会中，社会技能的培养显得尤为重要。李薇，一个普通的中职学生，通过参与社会劳动教育实践，不仅提升了自我，更在社会的大熔炉中锤炼出宝贵的社会技能。

李薇就读于一所职业学校，专业是社会工作。虽然在课堂上学习了许多理论知识，但她深知理论与实践之间存在着巨大的鸿沟。为了填补这一鸿沟，她积极参与了各种社会劳动教育实践活动。

一年级暑假，李薇加入了学校组织的"社区志愿者服务队"，前往城市边缘的社区进行为期一个月的志愿服务。这个社区居住着大量外来务工人员和他们的家人，由于种种原因，社区环境脏乱差，居民之间也缺乏必要的交流和互助。

刚进入社区时，李薇感到有些不适应。她发现这里的居民对她的到来表现得并不热情，有些人甚至投来怀疑的目光。她意识到，要想在这个社区开展工作，首先需要建立起与居民之间的信任关系。于是，她主动与居民攀谈，了解他们的生活状况和需求。通过耐心的倾听和真诚的关心，李薇逐渐赢得了居民的信任。

在接下来的日子里，李薇与志愿者团队一起开展了多项劳动教育实践活动。他们清理了社区内的垃圾和杂草，修缮了破损的公共设施，还组织了丰富多样的文化活动。这些工作不仅改善了社区的环境，而且促进了居民之间的交流和互动。

在这个过程中，李薇深刻体会到社会劳动教育实践的重要性。她发现，通过亲身参与劳动，她不仅学会了如何与不同背景的人沟通和合作，还培养了解决问题和应对挑战的能力。这些社会技能在她日后的学习和工作中都发挥了重要作用。

二年级时，李薇又参与了学校与当地一家福利机构合作的项目。这个项目旨在为福利机构的孩子们提供心理关爱和成长陪伴。李薇作为志愿者之一，负责策划和组织一系列心理活动。

为了更好地了解孩子们的需求和兴趣点，李薇事先做了大量的调研工作。她发现这些孩子大多来自不健全的家庭或遭受过心理创伤，他们渴望关爱和陪伴，但同时也存在着自卑和敏感等心理问题。针对这些情况，李薇与团队成员一起设计了一系列有趣且富有挑战性的心理活动。

在活动实施过程中，李薇充分展现了自己的组织协调能力和团队合作精神。她不仅与团队成员密切协作，还积极与福利机构的工作人员沟通交流，确保活动的顺利进行。通过这些活动，孩子们逐渐敞开了心扉，变得更加自信和开朗。李薇也从中学到了如何关爱他人、如何传递正能量等宝贵的社会技能。

三年级时，李薇已经成为一名经验丰富的社会劳动教育实践者。她不仅积极参与各种实践活动，还主动承担起更多的责任和义务。她发现，通过不断的学习和实践，自己的社会技能得到了极大的提升。她变得更加自信、更加懂得如何与他人沟通和合作，也更加懂得如何为社会做出贡献。

毕业后，李薇顺利找到了一份与专业相关的工作。在工作中，她发现自己在学校期间所学的理论知识和在社会劳动教育实践中所培养的社会技能都得到了很好的应用。她能够迅速融入团队、与同事建立良好的关系，也能够独立完成各种任务和挑战。她的工作表现得到了领导和同事的一致好评。

回顾自己的成长历程，李薇感慨地说："社会劳动教育实践是我人生中最宝贵的财富之一。它不仅让我学会了如何劳动、如何与他人合作，更让我学会了如何成为一个有责任感、有爱心、有能力的社会人。这些社会技能将伴随我一生，成为我不断前行的动力和支撑。"

分析：这个案例充分展示了社会劳动教育实践在培养青少年社会技能方面的重要作用。通过参与各种社会劳动教育实践活动，李薇不仅提升了自己的综合素质和能力水平，更在社会的熔炉中锤炼出宝贵的社会技能。这些社会技能为她日后的学习和工作奠定了坚实的基础，也为她的人生增添了更多的色彩和价值。

知识学堂

若想确保劳动教育持续开展并取得实效，实现中职学生劳动素质的提高，不仅需要以家庭为基础、以学校为主导，还需要全社会的大力支持。从劳动教育的类型上看，社会劳动教育以服务性劳动教育为主。只有各级政府、群团组织、社会组织、新闻媒体在教育主体、教育内容、教育载体上协调配合，才能打造全方位、一体化的劳动教育协同育人体系。

一、社会技能的内容

一个人从学校进入社会，除了需要生活技能、生存技能，还要有社会技能，它是个体在社会交往中表现出的行为能力和品质。社会技能包括：与他人交往的行为（接受权威、谈话技巧、合作行为），与自我有关的行为（情感表达、道德行为、对自我的积极态度），与任务有关的行为（参与行为、任务的完成、遵循指导），与工作有关的行为（办事能力、工作态度、工作职位），与学习有关的行为（学习态度、学习效率、对学习的积极性），一个人要想在社会中生存、学习、工作，就必须具备社会适应性能力和社会技能。

二、社会劳动教育实践的实施路径

（一）基层政府要加大对劳动教育的引导与支持

基层政府要结合当地实际，制定加强劳动教育的实施细则或指导性文件；对学校、家庭等开展劳动教育进行指导，为劳动教育提供经费保障；积极引导相关企业支持学校开展劳动教育，安排相应土地、山林、草场等作为中职学生的实践基地，拓展劳动教育实践场所。

（二）充分发挥群团和社会组织、机构的支持、协助作用

群团及有关社会组织、机构要积极搭建平台，支持和鼓励中职学生深入基层开展公益劳动、志愿服务、勤工俭学，实现劳动教育社会化，在多样的社会实践中培养学生勤俭、奋斗、创新、奉献的劳动精神，增强学生的社会责任感和时代使命感，使学生切身领悟"空谈误国，实干兴邦"的深刻道理。

（三）积极营造全社会关心和支持劳动教育的良好氛围

各地结合实际，总结劳动教育的经验和做法，通过优秀劳动者评选与公开表彰活动，积极宣传体现劳模精神和工匠精神的典型人物事迹，弘扬劳动光荣、创造伟大的主旋律，通过榜样示范、评选表彰、舆论宣传等方式在全社会形成热爱劳动、崇尚劳动、尊重劳动的良好风尚。

三、在劳动教育中培养社会技能的具体策略

创设真实的社交情境：在劳动教育过程中，教师应根据教学内容和学生特点，创设真实的社交情境，让学生在模拟或真实的社交环境中进行实践和学习。例如，可以组织学生进行小组合作任务、角色扮演等活动，让学生在互动中锻炼社交技能。

强化沟通与协作训练：沟通与协作是社会技能的核心要素。在劳动教育中，教师应注重培养学生的沟通技巧和协作精神。可以通过组织小组讨论、团队项目等活动，帮助学生在实践中学习如何有效沟通、协同工作。

培养解决问题的能力：解决问题是社会技能的重要组成部分。在劳动教育中，教师应鼓励学生直面问题和挑战，培养他们的问题解决能力。可以通过设置难题、引导思考等方式，激发学生的探究欲望和创新精神，让他们在解决问题的过程中锻炼思维能力和实践能力。

注重自我管理与情绪调控：自我管理和情绪调控是社会技能的重要基础。在劳动教育

中，教师应关注学生的内心世界，帮助他们建立正确的自我认知和情绪管理方式。可以通过心理辅导、情绪教育等方式，培养学生的自我调控能力和情绪管理能力。

社会技能是个体适应社会、实现个人价值的重要能力，而劳动教育在培养社会技能方面具有独特优势。通过创设真实的社交情境、强化沟通与协作训练、培养解决问题的能力及注重自我管理与情绪调控等策略的实施，劳动教育可以有效地提高学生的社会技能水平。在未来的教育实践中，我们应继续探索和创新劳动教育模式和方法，为学生的全面发展和社会化进程贡献更大的力量。同时，我们还应关注社会技能在不同年龄段、不同群体中的培养需求，制订更具针对性的教育方案，以满足社会的多样化需求。

劳动任务清单（七）

感受服务劳动

参与义务劳动，共建美丽校园

近日，在河北师范大学2021级义务劳动成员招募过程中，同学们以最热情的态度参与报名，并在组队完成后，第一时间投入劳动当中。

经过简单分工后，各组员工在包干区域内热火朝天地开始劳动，为大家的校园生活创造了一个整洁、清爽的环境。义务劳动的时间一般都在清早或者中午，这段时间大部分同学都在休息，可义务劳动的同学们每次都能按时到达，从未有过迟到现象。每次劳动结束后，同学们都认真地检查值日情况和劳动工具是否丢失和缺损，按时拍照上传值日情况。在公教楼值日的同学，为了避免打扰正在自习的同学，每次值日时都迅速又安静，为大家维护了良好的学习环境。截至目前，2021级已累计义务劳动打扫公教楼、卫生区共计900余小时。

正是这样认真又负责的工作态度，让同学们在义务劳动过程中得到了一片赞扬声。

试一试：

1. 采访参与义务劳动的人，并分组汇报展示。
2. 尝试积极参与义务劳动。

劳动任务清单

任务名称	参与义务劳动，共建美丽校园	学生姓名	
劳动时间		劳动地点	
劳动成果展示			
（图文混合展示）			
劳动体悟与反思			

劳动体悟：

劳动经验：

自我评价：

续表

知识掌握清单				
评价要点： 1. 了解校园义务劳动； 2. 了解校园义务劳动的不同方式。				
评价				
不合格	合格		良	优
练习和观察清单				
评价要点： 1. 成功掌握校园义务劳动的方法； 2. 能简要记录校园义务劳动的过程状态。				
评价				
不合格	合格		良	优
鉴定结果	合格□		不合格□	

给学生的反馈：

如果不合格，需要重新鉴定的说明：

鉴定教师签字：　　　　　　日期：

知识拓展

古话：

◇ "纸上得来终觉浅，绝知此事要躬行。"——陆游

这句话强调了实践的重要性，只有亲身实践，才能真正理解和掌握知识。

◇ "民生在勤，勤则不匮。"——《左传·宣公十二年》

这句话表明了勤劳是民众生活的基础，只有勤劳才能避免匮乏。

名人名言：

◇ "任何一种不为集体利益打算的行为，都是自杀的行为，它对社会有害。"

——马卡连柯

这句话虽然并未直接提及劳动教育，但强调了集体利益的重要性，可以引申为在劳动教育实践中，应着重培养学生的集体意识和为集体服务的精神。

◇ "我们世界上最美好的东西，都是由劳动、由人的聪明的手创造出来的。"

——高尔基

这句话赞美了劳动的伟大，鼓励人们通过劳动创造美好的事物，可以激发学生在劳动教育实践中的积极性和创造性。

◇ "劳动一日，可得一夜的安眠；勤劳一生，可得幸福的长眠。"——达·芬奇

这句话以朴素的语言阐述了劳动与幸福的关系，鼓励人们通过辛勤劳动获得内心的安宁和满足，对于引导学生形成正确的劳动观念具有积极意义。

◇ "人的思维是否具有客观的真理性，这并不是一个理论的问题，而是一个实践的问题。"——马克思

这句话强调了实践在检验真理中的重要性，可以引导学生在劳动教育实践中去探索、去发现、去验证知识的真理性。

◇ "知识是宝库，但开启这个宝库的钥匙是实践。"——富兰克林

这句话形象地比喻了知识和实践的关系，强调了实践在获取知识中的重要性，对于鼓励学生积极参与劳动教育实践具有启示作用。

这些古话和名人名言都从不同的角度强调了实践在劳动教育中的重要性，有助于引导学生树立正确的劳动观念，积极参与劳动教育实践，从而在实践中增长知识、提升能力、形成优良品格。

项目训练

1. 训练目标
（1）让学生动手实践、出力出汗，培养学生正确的劳动价值观和良好品质。

（2）使学生在实践中发现问题，解决问题，提高创造性劳动能力。

2. 训练内容
（1）根据兴趣及专长，以志愿劳动的形式服务乡村振兴或社区发展。

（2）通过实地考察、社会调查，参与劳动与管理，为解决乡村振兴或社区发展存在的问题提出一份建设提案。

3. 训练评价
（1）劳动服务工作认真、努力。（20分）

（2）乡村振兴或社区发展问题分析客观、准确。（30分）

（3）建设提案符合实际，具有可行性与创新性。（30分）

（4）语言表达清晰、准确、逻辑性强。（20分）

项目三

劳动制度与劳动法规

➢ **知识目标**

1. 掌握劳动制度的基本概念和主要内容,包括就业制度、劳动保障制度、劳动报酬制度等,理解其在劳动关系中的基础性作用。
2. 熟悉我国劳动法律法规体系的结构和核心条款,包括《中华人民共和国劳动法》《中华人民共和国劳动合同法》等,了解劳动者和用人单位在劳动过程中的权利和义务。
3. 了解劳动合同的签订原则与内容,维护劳动者的各项劳动权利。

➢ **能力目标**

1. 能够运用所学知识分析实际案例,判断劳动合同的合法性和合规性,提出合理的解决方案和建议。
2. 能够在面对劳动纠纷时,运用法律手段维护自己的合法权益,具备一定的法律自我保护能力。
3. 能够通过实习或做学徒,掌握一定的劳动技能,以适应未来工作的需要。

➢ **素养目标**

1. 培养尊重劳动、热爱劳动的情感态度,认识到劳动是创造美好生活和社会财富的重要源泉。
2. 增强法治意识和契约精神,自觉遵守劳动制度与劳动法规,维护劳动关系的和谐稳定。
3. 提升社会责任感和公民意识,关注劳动者的权益保障和福祉提升,积极参与社会公益事业和志愿服务活动。

项目导读

在当今社会，了解并遵守劳动制度与劳动法规，对于每个劳动者和未来的劳动者都至关重要。本项目将带你深入探索劳动世界的规范与准则，为你的职业生涯铺设坚实的法律基石。

首先，劳动制度是社会组织劳动的基本形式和规则。它规定了劳动者与用人单位之间的基本关系，以及双方在劳动过程中的权利和义务。了解劳动制度，意味着我们能够更好地理解劳动的本质和价值，以及自己在劳动市场中的位置。本项目将详细介绍各种劳动制度，包括就业制度、劳动保障制度、劳动报酬制度等，帮助你建立起对劳动制度的全面认识。

其次，劳动法规是保障劳动者权益、规范劳动关系的重要法律武器。它规定了劳动合同的签订、履行、变更和解除等各个环节，为劳动者提供了法律保障。在本项目中，你将学习到《中华人民共和国劳动法》《中华人民共和国劳动合同法》等相关法律法规的主要内容和精神，了解如何运用法律手段维护自己的合法权益。

再次，学习劳动制度与劳动法规，不仅是对个人权益的保障，更是社会责任的体现。了解劳动制度，可以帮助我们更好地适应职场环境，提高工作效率；掌握劳动法规，可以让我们在面对劳动纠纷时，有理有据地维护自己的权益。同时，遵守劳动制度与劳动法规，也是我们对社会、对他人的一种承诺和负责。

从次，本项目还将通过案例分析、情景模拟等多样化的教学方法，帮助你更加直观地理解劳动制度与劳动法规在实际生活中的应用。你将有机会参与课堂讨论，分享自己的见解和体会，与同学们共同学习、共同进步。

在学习过程中，我们鼓励你保持好奇心和批判性思维。劳动制度与劳动法规是一个不断发展和完善的领域，随着社会的进步和法律的完善，其内容也在不断更新。因此，我们需要以开放的心态来接受新知识、新观点，同时也要学会运用所学知识解决实际问题。

最后，希望你通过本项目的学习，不仅能够掌握劳动制度与劳动法规的基本知识和技能，更能够培养起对劳动的尊重和热爱，以及对社会责任的担当。在未来的职业生涯中，无论你身处何种岗位、从事何种工作，都能够时刻牢记劳动者的权利和义务，为社会的和谐稳定贡献自己的一份力量。

让我们共同期待这一项目的学习之旅吧！相信在劳动制度与劳动法规的指引下，你一定能够成为一个知法守法、懂法用法的优秀劳动者。

案例导入

劳动制度与劳动法规——某制造企业的规范之路

在日益激烈的市场竞争中,企业的成功与否往往与其内部管理,尤其是劳动制度的完善与劳动法规的遵守密不可分。本案例将以某制造企业(以下简称 A 公司)为例,详细阐述其在劳动制度与劳动法规方面的实践和经验。

A 公司是一家专注于电子产品制造的中型企业,拥有员工近千人。在过去的发展过程中,A 公司逐渐意识到,仅仅依靠技术和市场优势是不足以支撑企业持续发展的,必须建立一套完善的劳动制度并严格遵守劳动法规,才能确保企业的稳定运营和员工的权益保障,其中劳动合同是十分关键的内容。

知识学堂

一、劳动制度的建立与完善

在劳动制度方面,A 公司首先从招聘与录用、员工培训、绩效考核、薪酬福利等各个环节入手,建立了一套全面、细致的劳动制度体系。

1. 招聘与录用:A 公司明确了招聘流程、录用条件及试用期管理等相关规定。所有招聘活动均遵循公平、公正、公开的原则,确保每位应聘者都能在平等的竞争环境中展示自己的才能。同时,公司对已录用员工的学历、工作经验等方面进行严格审核,确保员工队伍的整体素质。

2. 员工培训:为提高员工的工作能力和业务水平,A 公司制订了一套完善的员工培训计划。新员工入职后,将接受为期一周的入职培训,内容包括公司文化、规章制度、岗位职责等。此外,公司还定期举办各类业务技能培训和职业发展规划辅导,帮助员工不断提升自己。

3. 绩效考核:A 公司建立了一套科学合理的绩效考核体系,通过设定明确的考核指标和权重,对员工的工作表现进行客观评价。绩效考核结果与员工的薪酬福利、晋升机会等紧密挂钩,有效激发了员工的工作积极性和创造力。

4. 薪酬福利:A 公司注重员工的薪酬福利保障,根据员工的工作表现、能力水平及市场行情等因素,制定了具有竞争力的薪酬福利政策。公司还提供各类福利待遇,如五险一金、年终奖、节日福利等,确保员工的合法权益得到充分保障。

二、劳动法规的遵守与实践

在劳动法规方面，A 公司始终坚持依法经营、合规管理的原则，严格遵守国家及地方相关劳动法律法规。

1. 劳动合同签订：A 公司严格按照《中华人民共和国劳动合同法》的规定，与员工签订劳动合同，明确双方的权利和义务。公司还定期对劳动合同进行审查和更新，确保合同内容符合法律法规的要求。

2. 工作时间与休息休假：A 公司严格遵守国家关于工作时间和休息休假的规定，合理安排员工的工作时间和休息时间。对于需要加班的员工，公司按照法律规定支付加班费，确保员工的合法权益不受侵害。

3. 安全生产与劳动保护：A 公司高度重视安全生产和劳动保护工作，建立健全了安全生产管理制度和操作规程。公司定期对生产设备进行安全检查和维护，确保员工在安全的环境中工作。同时，公司还为员工提供必要的劳动保护用品和设施，确保员工的身体健康和生命安全。

4. 劳动争议处理：尽管 A 公司在劳动制度和劳动法规方面作出了诸多努力，但仍难免会遇到一些劳动争议。在处理劳动争议时，公司始终遵循公平、公正、合法的原则，积极与员工协商解决。对于无法协商解决的争议，公司会及时向上级主管部门或劳动仲裁机构报告，寻求专业的法律意见和解决方案。

通过以上劳动制度与劳动法规的实践，A 公司不仅提高了企业的管理效率和员工满意度，还树立了良好的企业形象和社会信誉。在未来的发展中，A 公司将继续完善劳动制度、遵守劳动法规，为企业的持续发展和员工的幸福生活贡献力量。

任务一　劳动基本制度

案例链接

申纪兰，曾任山西省平顺县西沟村党总支副书记，第一届至第十三届全国人大代表。她积极维护新中国妇女劳动权利，倡导并推动"男女同工同酬"写入宪法。改革开放以来，她勇于改革，大胆创新，为发展农业和农村集体经济、推动老区经济建设和老区人民脱贫攻坚做出了巨大贡献，荣获"全国劳动模范""全国优秀共产党员""改革先锋"等称号。

她是一位普通的农家妇女，也是唯一连任13届的全国人大代表。几十年来，她初心不变，奋斗不止，为当地脱贫和建设做出巨大贡献。用她自己的话说，"按照党的要求干，就没有什么干不成的事"。1951年西沟村成立初级农业合作社时，她成了副社长。这对于奉行古训"好男走到县，好女不出院"的山里人来说，已让人刮目相看。但在她心里，有一个坎始终过不去：为啥妇女的劳动报酬要少一半？申纪兰介绍说，按照当时的分工计酬方式，男人干一天活记10个工分，妇女只能记5个工分，不平等的报酬伤害了妇女的劳动积极性。村里本来是男女共同协作劳动的，经申纪兰申请，社里专门给女社员划出一块地，和男社员进行劳动竞赛。被发动起来的妇女为了争取自己的权益，在田间始终争分夺秒。最后，女社员赢得了竞赛。

在申纪兰和西沟村妇女们的不懈努力下，太行山深处的这个小山村，在全国率先实现了男女同工同酬。1954年，申纪兰当选为全国第一届人大代表，在第一届全国人民代表大会上，"男女同工同酬"被正式写入宪法。

思考： 中华人民共和国成立以后，劳动制度方面有哪些发展？

知识学堂

一、劳动制度

劳动制度属于社会制度的一种，是人类在一定社会生活中为满足劳动关系发展的需要而建立的有系统、有组织并为社会所公认的劳动行为规范体系。劳动制度有正式与非正式之分：正式的劳动制度是支配劳动关系的互为关联的规则，包括广义的劳动制度和狭义的劳动制度；非正式的劳动制度主要是指依靠非正式监控机制而体现的规则。

（一）广义的劳动制度

广义的劳动制度主要是指国家或有关权力机构制定的，约束人们劳动行为及其劳动关系的法律、法令或其他相应的形式，表现为与人们参加社会劳动、建立劳动关系直接有关的一系列办事程序、规章和规定，这一层次的制度也就是政府的行政性制度，主要是劳动就业、劳动工资，劳动保障等制度。

（二）狭义的劳动制度

狭义的劳动制度是指与劳动就业直接有关的办事程序、规章和规定的统称，包括劳动者的招收、录用，培训、调动、考核、奖惩、辞退、工资、劳动保险、劳动保护等制度。这一层次的制度通常表现为工作组织内的劳动制度。

(三) 劳动制度的特征

劳动制度具有以下四个特征。

（1）普遍性

劳动制度的普遍性是由劳动的普遍性决定的，因为生产劳动是人类社会生存和发展的基础与动力，任何社会、任何时代都离不开劳动。

（2）组织强制性

劳动制度是一种组织化的社会规范，它作为制约劳动关系和劳动者行为的一种规范体系，对劳动者具有强制作用。例如，正式的劳动制度往往是由国家或有关权力机构制定的，以确定的规则或法令等形式表现出来的劳动规范体系，劳动制度对从事劳动的所有社会成员都具有强制作用。

（3）相对稳定性

劳动制度一旦形成，就具有相对的稳定性，如果没有巨大的社会变革的冲击，一般不会轻易发生改变。但是劳动制度的稳定性只是相对的，随着社会和时代的变迁，劳动的形式、条件、内容及劳动者彼此合作的方式都会发生变化，因而劳动制度也要作相应的变更。

（4）系统性

劳动制度的运行必须有相应的制度配合，形成一套行之有效的制度体系，才能对人们的劳动关系与劳动行为进行有效的规范与约束。

二、就业制度

就业既是重大的经济问题，也是重要的社会和政治问题。扩大就业、减少失业，是经济社会发展的基本目标。对就业概念的理解可以从理论和实际两个角度来把握。从理论上讲，就业是指具有劳动能力的人，运用生产资料从事合法社会活动，并获得相应的劳动报酬或经营收入的经济活动。具体而言，就业是指在法定年龄内，具有劳动能力的人在一定的工作岗位上从事有报酬或有经营收入的合法劳动。

根据这一定义，一个人如果同时满足以下三个基本条件就可以被认为实现了就业：一是在法定劳动年龄内并且具有劳动能力；二是以提供满足社会需要的商品或服务为目的，从事某种合法的经济活动；三是从事这种社会劳动可以获得相应的收入。而童工、不以获得收入或营利为目的的公益劳动、家务劳动等不属于就业范畴。

就业制度有广义与狭义之分。广义的就业制度是指直接或间接规范劳动者就业行为的制度总称，包括雇佣解雇制度、用工制度、就业培训制度、就业服务制度、辞职退休制度和劳动计划管理制度等；狭义的就业制度仅指雇佣解雇制度及用工制度。

（一）就业的意义

（1）就业是人们获得收入得以谋生的基本手段。当前，虽然各种生产要素的报酬，如股息、利息、租金等，都是居民收入的合法来源，但通过就业得到的劳动报酬仍是人们收入的最主要部分。

（2）就业是个人融入社会、使自身得以全面发展的主要途径。作为具有社会属性的人，不仅需要靠就业谋生，还需要靠就业参与社会生活，赢得他人的尊重，满足自己更高层次的需求。

（3）就业是经济发展和社会进步的重要前提。通过就业的方式能够实现生产资料和劳动者的结合，形成现实的生产力，推动经济发展。所以说，扶持困难群体实现就业，是消除贫困的根本途径。而大力促进社会充分就业，也是促进社会公平、维护社会稳定的重要手段。

（二）我国的就业服务

就业服务兴起于20世纪初期，主要是为了改善失业者的生存状况和维护社会稳定。概括地说，就业服务是具有普遍意义的干预劳动力市场并能有效调节和改善供求关系的直接手段，是就业制度和就业政策的重要组成部分。

就业服务可以分为公共就业服务和私营就业服务，其主要职能在于通过劳动力市场、职业介绍、职业指导和相应的职业培训等手段，帮助用人单位用人和劳动者就业。

我国的就业服务在不同的时期有不同的内容和措施，主要有以下几点：

（1）设立专门机构管理就业服务工作。20世纪50年代初期，从中央到各大行政区、省和大城市的人民政府成立了劳动就业委员会。根据政务院公布的《关于劳动就业问题的决定》，指导各地劳动部门和其他有关部门办理失业人员登记、救济、就业培训、介绍就业等事务，统一调配社会劳动力。1953年8月以后，劳动就业委员会撤销，由政府劳动部门负责就业服务的管理工作，并逐步走向经常化、制度化。大中城市的劳动部门建立了劳动力介绍所，负责管理城市闲散劳动力和安置就业，包括进行就业前的政治思想教育和技术训练。

（2）开展多种形式的职业培训，逐步推行先培训后就业的制度。在全国建立了一大批技工学校，改革了学徒培训制度，开办了大量的短期训练班、职业中学、职业学校和各种职业教育培训中心。

（3）对于高等院校、中等职业学校的毕业生和军队转业干部分别由教育、人事等部门实行统一分配。待业青年在国家的统筹规划和指导下，实行劳动部门安排就业、自愿组织起来就业和自谋职业相结合的办法。

（4）创建劳动服务公司，统筹调节城镇劳动力。20世纪80年代以来，全国各地劳动部门适应劳动制度改革的需要，普遍地创建劳动服务公司，统筹调节城镇社会劳动力。这种管理社会劳动力的组织，兼有行政和经济两方面的职能，任务是掌握社会各方面对劳动力的需求情况，对待业人员进行调查、登记、统计、组织培训、介绍和安排就业，同时，兴办集体经济事业，直接组织一部分待业人员就业。全民所有制企业、事业单位、机关单位及街道和群众团体等也相继办起劳动服务公司，安排和指导就业。政府劳动部门或劳动服务公司还通过举办劳动力交流大会、开办专业职业介绍所等多种形式，为人们创造更多的就业机会和途径。我国就业服务的各种形式，对有效地实现城镇的充分就业具有促进作用。

三、劳动保障制度

劳动保障制度是劳动制度的一个重要组成部分，它是国家根据有关法律规定，通过国民收入分配和再分配的形式，对劳动者因年老、疾病、伤残和失业等而出现困难时向其提供物质帮助以保障其基本生活的一系列制度。劳动保障制度的主要功能是保证劳动者的职业安全，从而保证劳动者及其家庭生活稳定、社会安定，保证整个社会的经济发展和社会进步。劳动保障制度所涉及的内容非常广泛，职工的生育保障、疾病保障、失业保障、伤残保障、退休保障、死亡保障等都是劳动保障制度的内容。其中，失业保障制度和退休保障制度是劳动保障制度中最主要的两项制度。

（一）失业保障制度

失业是现代经济运行过程中不可避免的一种社会现象，它给每个失业者及其家庭带来灾难，也给社会经济的发展蒙上一层阴影，因而各国都十分重视对失业者进行保障。失业社会保障制度就是劳动者一旦失去工作之后仍能获得基本的物质帮助的一种制度。失业保障制度的建立有助于劳动者维持基本生活，从而保护劳动力资源的生产和再生产；同时，它也可以起到缩小收入差距、保证和维护社会安定的作用。

当前，我国现行失业保障制度的基本内容如下：

（1）享受失业保障的条件。现行的失业保障制度基本覆盖了城镇所有企事业单位及其职工，包括国有企业、城镇集体企业、外商投资企业、城镇私营企业和城镇其他企业及其职工，事业单位及其职工。

（2）失业保障金的筹集。在费用筹集方面，实行国家、用人单位、职工本人三方负担的筹集原则。用人单位、职工按照国家社会保障制度要求缴纳失业保险费。在失业保险基金入不敷出时，财政将给予必要的补贴。

（3）失业保障基金的开支项目。开支项目主要包括失业救济金、失业职工的医疗费、失业职工的丧葬补助费、失业职工直系亲属的抚恤费和救济费、失业职工的转业训练费、失业职工的生产自救费和失业保险管理费等。

（4）失业保障金的给付标准。失业保障金的给付标准一般应高于当地城市居民最低生活保障标准，低于当地的最低工资标准。

（二）退休保障制度

退休保障制度既是劳动保障制度的重要组成部分，也是社会保障制度的基本内容。我国统筹型退休保障制度的基本内容包含以下几个方面：

（1）退休保障的实施范围。企业职工退休的实施范围主要是国有企业、事业单位、城镇集体企业、外商投资企业、城镇私营企业、其他城镇企业及其职工，实行企业化管理的事业单位及其职工，机关事业单位的工作人员都在保障实施范围之内。

（2）资金来源。根据《关于企业职工养老保险制度改革的决定》的规定，企业工作人员的养老保险将实现由国家、企业、职工个人三方共同负担的办法。养老保险分为三个层次：第一个层次为基本养老保险，由国家统一制定政策，强制实施，这一层次的保险可以保障退休职工的基本生活需要。基本养老保险基金由国家、企业、职工个人三方负担，企业按职工工资总额的一定比例缴纳基本养老保险费。第二个层次是企业补充养老保险，它是企业根据自身经济能力，为本企业职工所建立的一种追加式或辅助式养老保险，养老保险金从企业自有资金中的奖励、福利基金内提取，然后由国家社会保险管理机构按规定记入职工个人账户，所存款项及利息归个人所有。第三个层次为职工个人储蓄性养老保险，保险金由职工个人根据个人收入情况自愿参加。机关事业单位工作人员的退休保障资金主要由国家提供，资金来源较为可靠。

（3）退休金给付标准。企业职工的退休金给付标准与个人在职时缴费工资基数及缴费年限长短挂钩，缴费工资越高、缴费年限越长，个人账户积累越多、退休时基本养老金就越高。

四、劳动关系制度

劳动关系是劳动者与用人单位之间因从事某种劳动而产生的权利和义务关系。劳动关系制度主要包括劳动合同的签订、履行、变更和终止等方面的规定。劳动合同是确立劳动关系的重要法律文书，它明确了双方的权利和义务，是保障劳动者权益的重要依据。在劳动关系存续期间，双方应当按照劳动合同的约定履行各自的义务，不得随意变更或终止劳动合同。当劳动关系出现纠纷时，可以通过协商、调解、仲裁等方式进行解决。

五、劳动保护制度

劳动保护是保障劳动者在生产过程中的人身安全和健康的重要措施。劳动保护制度主要包括安全生产管理、职业病防治、劳动防护用品管理等方面的规定。企业应当建立健全安全生产管理制度，加强对生产设备的维护和检修，确保生产过程的安全可控。同时，还应当加强对职业病的预防和治理，为劳动者提供必要的劳动防护用品和医疗保健服务。政府和社会也应当加强对劳动保护工作的监督和检查，确保劳动者的安全和健康得到有效保障。

六、劳动报酬制度

劳动报酬是劳动者因提供劳动而获得的报酬。劳动报酬制度主要包括工资制度、奖金制度、津贴补贴制度等方面的规定。工资是劳动报酬的主要组成部分，它应当根据劳动者的工作岗位、工作性质、工作绩效等因素合理确定。奖金和津贴补贴则是对劳动者额外劳动或特殊贡献的奖励和补偿。在劳动报酬的确定和支付过程中，应当遵循公平、公正、透明的原则，确保劳动者的合法权益不受侵犯。

劳动基本制度是保障劳动者权益、规范劳动行为的重要机制。通过深入探讨劳动关系、劳动就业、劳动保护和劳动报酬等方面的制度规定，我们可以更加全面地了解劳动基本制度的内涵和意义。在实际应用中，我们应当严格遵守各项劳动法律法规和政策措施，切实保障劳动者的合法权益不受侵犯。同时，我们还应当积极推动劳动制度的改革和创新，为构建更加和谐稳定的劳动关系、促进经济社会的持续健康发展贡献力量。展望未来，随着经济社会的不断发展和进步，劳动基本制度将不断完善和优化，为劳动者的全面发展和社会进步提供更加坚实的保障。

案例链接

蒋某30年前毕业于一所专科学校，由于是委托培养，因此毕业后她顺利进入了当地的一家化工企业。在企业工作期间她任劳任怨，兢兢业业，一直受到同事和领导的好评，还多次被评为优秀员工。如今企业效益不好，再加上自己的身体出了一些问题，导致她心情不好，所以她决定和所在单位解除劳动关系。但让她担心的是，自己已经47岁了，工作肯定不好找。而且马上就要到退休年龄了，如果现在解除劳动关系，那么原来在企业工作了几十年的时间，该缴纳的社会保险都缴了，如今却成了失业人员，要靠领失业金过日子，那以前的社会保险费不就白缴了吗？

分析： 我国的失业保险是国家通过立法强制实行的，由社会集中建立基金，对因失业而暂时中断生活来源的劳动者提供物质帮助的制度，它是社会保障体系的重要组成部分，是社会保险的主要项目之一。案例中蒋某的担心是多余的，因蒋某所在的单位和其个人都依法缴纳了养老保险费，不管她是失业人员还是在岗人员，达到退休年龄后都可以办理养老保险待遇手续。养老保险是劳动者在年老或者因为病残而丧失劳动能力的情况下，退出劳动岗位后获得帮助和补偿的一种社会保险。

劳动任务清单（八）

●●● 强化社会责任

乡村振兴义渡在行动

重庆城市科技学院青年志愿者联合会在跳磴镇牛栏坝开展"做义渡热心人，创全国文明城""乡村振兴义渡在行动"——守护长江净滩志愿服务活动，以实际行动为"守护好一江碧水"奉献自己的一份力量。

青年志愿者准时到达跳磴镇牛栏坝，穿上马甲、戴上手套，手提垃圾袋沿着沙滩将被遗忘的塑料袋、饮料瓶、包装纸等环境污染物送回它们的归处。同时，志愿者们还为游客提供咨询、宣传文明出游等服务，引导游客文明旅游。

阳光下，沙滩上是志愿者们捡拾垃圾的忙碌身影，从沙滩的这头到那头。遇到需要扔垃圾的游客，志愿者们也伸以援手，游客对志愿者们纷纷点赞。借此，志愿者们也为游客普及了保护环境的知识，同时宣传了雷锋精神，让游客更加切实地感受到钉子精神和环境保护的重要性，以实际行动践行了"做义渡热心人，创全国文明城"。

志愿服务润物细无声，志愿者们捡拾的是一袋袋垃圾和废弃物，收获的是社会的认可和群众的赞许。

试一试：
1. 采访参与志愿活动的人，并分组汇报展示。
2. 尝试参与志愿活动。

劳动任务清单

任务名称	志愿活动	学生姓名	
劳动时间		劳动地点	
劳动成果展示			
（图文混合展示）			

劳动体悟与反思

劳动体悟：

劳动经验：

自我评价：

续表

知识掌握清单				
评价要点： 1．了解不同的志愿活动； 2．了解参加不同志愿活动的渠道。				
评价				
不合格	合格		良	优
练习和观察清单				
评价要点： 1．成功掌握参加志愿活动的要点； 2．能简要记录志愿活动的过程状态。				
评价				
不合格	合格		良	优
鉴定结果	合格□		不合格□	
给学生的反馈： 如果不合格，需要重新鉴定的说明： 				
鉴定教师签字： 日期：				

任务二　劳动法律法规

案例链接

小李于 2020 年 3 月从某职业学校毕业，毕业后她来到广州某服装厂工作，劳动合同期限到 2021 年 3 月截止。车间生产除规定定额以外，还会临时指派赶工。小李从 3 月份到 6 月份上班期间，只有 4 个休息日。因劳动强度过大，加上水土不服，她身体吃不消，得了慢性胃炎。她向服装厂办公室主任请病假，结果被告知劳动合同里没有约定休假的时间，单位现在又在加班加点赶制服装，因此不能批准休假。如果一定要休假，就是旷工行为，屡教不改的，就自动走人。小李虽然感到非常疲劳，但是又怕丢了工作，只好坚持上班。2020 年 7 月 2 日，小李在上班时间晕倒，经医生诊断为劳累过度、缺乏营养，需要休息，建议小李休病假 1 周。小李拿着医生的诊断结论和休假意见找到厂办公室主任，得到的仍然是不予休假的答复。厂办公室主任的理由是："大家的劳动合同都没有约定休假时间，如果都像你一样休假了，就没人工作了，不能开你这个先例。"小李不满厂办无情的做法，向专家咨询是否可以通过法律手段保护自己。

分析： 该服装厂的做法是违法的。我国宪法和劳动法律都规定了休息权是公民的基本权利，这就意味着任何单位、组织和个人都不得以任何理由剥夺个人休息的权利，这也是对劳动者劳动权利的基本保障。《中华人民共和国劳动法》（以下简称《劳动法》）和《中华人民共和国劳动合同法》（以下简称《劳动合同法》）都对劳动者的休息权利有具体的规定。其中，《劳动合同法》第十七条第 5 款规定了休息休假是劳动合同的必备条款。《劳动法》第三十六条至第四十五条对工作时间和休息休假做了具体的规定。用人单位必须尊重劳动者的休息权，不得剥夺劳动者的休息时间，否则就要承担一定的法律责任。《劳动合同法》第八十一条规定，用人单位提供的劳动合同文本未载明本法规定的劳动合同必备条款或者用人单位未将劳动合同文本交付劳动者的，由劳动行政部门责令改正；给劳动者造成损害的，应当承担赔偿责任。因此，该服装厂与包括小李在内的多名工人在签订的劳动合同中未约定休息休假时间是违法的。

思考： 根据《劳动法》和《劳动合同法》的规定，作为劳动者，该如何保护自己的合法权益？

> 知识学堂

一、我国的劳动法律体系

（一）劳动法律体系和法律制度

劳动法律体系是由各项劳动法律制度及劳动法律规范组成的有机联系的整体。其特点是按照一定的标准将劳动法律规范分类、组合。劳动法律体系说明各项劳动法律规范之间的统一、区别，相互联系和协调性。可以按照劳动法律规范的制定机关及其效力分类、组合成一种形式的劳动法律体系，也可以按照劳动法律规范的内容分类、组合成一种形式的劳动法律体系。

劳动法律制度是调整劳动关系某一方面的法律规范的总称。调整劳动关系的各种法律规范的总和，就是一国的劳动法律部门。各项劳动法律制度及劳动法律规范构成劳动法律体系，其主要包括劳动合同法律制度、工作时间和休息时间法律制度、劳动报酬法律制度、劳动安全与卫生法律制度、女工与未成年工保护法律制度、社会保险与劳动保险法律制度、工会法律制度、劳动争议处理法律制度、劳动监督和检查法律制度等。

（二）劳动法律法规

劳动法是调整劳动关系及与劳动关系密切联系的社会关系的法律规范的总称。劳动法主要调整劳动关系，同时也调整因劳动力管理、社会保险和福利、职工民主管理、劳动争议处理等产生的其他社会关系，进而建立和维护适应社会主义市场经济、促进经济发展与社会进步的劳动制度。

劳动法的基本原则包括：社会正义原则、劳动自由原则（即择业自由、辞职自由、反对就业歧视、禁止强迫劳动）、三方合作原则（即劳动者、劳动力使用者、政府三方的合作）。

我国主要的劳动法律法规包括《中华人民共和国劳动法》《中华人民共和国劳动合同法》《中华人民共和国劳动争议调解仲裁法》《中华人民共和国社会保险法》《中华人民共和国就业促进法》《中华人民共和国工会法》等。

二、《中华人民共和国劳动法》

《中华人民共和国劳动法》（以下简称《劳动法》）自1995年1月1日起施行，并分别于2009年和2018年进行了修正。它是为了保护劳动者的合法权益，调整劳动关系，建立和维护适应社会主义市场经济的劳动制度，促进经济发展和社会进步而制定的。《劳动法》分为十三章，具体包括总则、促进就业、劳动合同和集体合同、工作时间和休息休假、工资、劳动安全卫生、女职工和未成年工特殊保护、职业培训、社会保险和福利、劳动争议、监督检查、法律责任、附则。

《劳动法》的基本原则包含以下几点。

（一）劳动既是权利又是义务的原则

1. 劳动是公民的权利

每一个有劳动能力的公民都有从事劳动的同等的权利。

对公民来说意味着：（1）有包括就业权和择业权在内的劳动权；（2）有权依法选择适合自己特点的职业和用工单位；（3）有权利用国家和社会所提供的各种就业保障条件，以提高就业能力和增加就业机会。

对企业来说意味着：（1）平等地录用符合条件的职工；（2）加强提供失业保险、就业服务、职业培训等方面的职责。

对国家来说意味着为公民实现劳动权提供必要的保障。

2. 劳动是公民的义务

劳动者一旦与用人单位发生劳动关系，就必须履行其应尽的义务，其中最主要的义务就是完成劳动生产任务。这是劳动关系范围内的法定义务，同时也是强制性义务。

（二）保护劳动者合法权益的原则

1. 偏重保护和优先保护

《劳动法》在对劳动关系双方都给予保护的同时，偏重于保护处于弱者地位的劳动者，适当体现劳动者的权利本位和用人单位的义务本位。《劳动法》优先保护劳动者利益。

2. 平等保护

全体劳动者的合法权益都平等地受到《劳动法》的保护，包括各类劳动者的平等保护、特殊劳动者群体的特殊保护。

3. 全面保护

劳动者的合法权益，无论它存在于劳动关系缔结前、缔结后或是终结后，都应纳入保护范围。

4. 基本保护

基本保护即对劳动者的最低限度保护，也就是对劳动者基本权益的保护。

三、《中华人民共和国劳动合同法》

《中华人民共和国劳动合同法》（以下简称《劳动合同法》）是为了完善劳动合同制度，明确劳动合同双方当事人的权利和义务，保护劳动者的合法权益，构建和发展和谐稳定的劳动关系而制定的法律，由第十届全国人民代表大会常务委员会第二十八次会议于 2007 年

6月29日通过,并于2012年12月28日修订。《劳动合同法》的适用范围为中华人民共和国境内的企业、个体经济组织、民办非企业单位等组织以及国家机关、事业单位和社会团体。

> **案例链接**
>
> 岗前培训有工资吗?
>
> 2021年6月,小孙从某职业学校毕业后经过笔试和面试被现在的公司录用。小孙拿到正式的录取通知书后按照通知书规定的日期报到,上班第一天就接到了人力资源部的通知,要求所有的新人都必须参加为期一个月的岗前培训。
>
> 考虑到自己已经毕业且家庭负担重,所以小孙壮着胆去问了一下人力资源部经理,岗前培训这一个月的工资能发放多少。人力资源部经理对她说:"因为这一个月是培训期,不算正式工作,所以公司会给予每个人700元的生活补贴。"小孙觉得给的补贴太少了,所以就直接对人力资源部经理说:"经理,现在物价这么高,补贴700元怎么生活呀!"经理回答她:"你参加培训没有创造价值,哪儿来的工资?公司给予补贴已经很好了。"听到经理这么说,小孙觉得既不满意也不合理,但她又不知道该如何捍卫自己的权益。
>
> 思考:对于试用期,你听说过或了解过哪些不合法现象?

四、《中华人民共和国就业促进法》

《中华人民共和国就业促进法》(以下简称《就业促进法》)是自2008年1月1日开始施行的。这部法律将就业工作纳入法治化轨道,从法律层面形成了更有利于学生就业的社会环境。其内容涉及转变就业观念,提高就业能力;强化依法管理,加大资金投入;规范就业市场,打击违法行为;鼓励自主创业,加强就业援助;反对就业歧视,营造公平环境等几个方面。因此,当自己在就业中遇到困难时,可以向相关政府部门要求援助;当受到就业歧视时,可以向相关政府部门反映甚至提起诉讼。

《就业促进法》共九章六十九条,其主要内容可归纳为"一个方针,一面旗帜,六大责任,五项制度,十大政策"。我们这里只介绍"一个方针"和"一面旗帜"。

1. 一个方针

一个方针,即坚持"劳动者自主择业,市场调节就业,政府促进就业"的方针。

2. 一面旗帜

一面旗帜,即高举"公平就业"旗帜,创造公平就业的环境。

《就业促进法》第三条明确规定,劳动者就业,不因民族、种族、性别、宗教信仰不同而受歧视;同时"公平就业"一章(第三章)明确规定:残疾人、传染病病原携带者和进城就业的农村劳动者等群体享有与其他劳动者平等的劳动权利。

五、《中华人民共和国社会保险法》

《中华人民共和国社会保险法》（以下简称《社会保险法》）自2011年7月1日起施行。2018年，第十三届全国人民代表大会常务委员会第七次会议对《社会保险法》部分条款做了修正。

《社会保险法》是中国特色社会主义法律体系中起支架作用的重要法律，是一部着力保障和改善民生的法律。《社会保险法》规定，国家建立基本养老保险、基本医疗保险、工伤保险、失业保险、生育保险等社会保险制度，保障公民在年老、疾病、工伤、失业、生育等情况下依法从国家和社会获得物质帮助的权利。

劳动法律法规是保障劳动者权益、规范劳动关系的重要法律武器。通过本任务的介绍，我们可以清晰地认识到劳动法律法规的基本内容及其在保障劳动者权益方面的重要作用。在实际应用中，我们应当严格遵守各项劳动法律法规，切实维护劳动者的合法权益。同时，我们还应当积极推动劳动法律法规的完善和发展，为构建更加和谐稳定的劳动关系、促进经济社会的持续健康发展贡献力量。展望未来，随着法治建设的不断深入和劳动者权益保障意识的日益增强，劳动法律法规将在维护社会公平正义、推动社会进步方面发挥更加重要的作用。

案例链接

打赢的官司

郭某被浙江省某县邮政局招用为报刊投递临时工，对于工作，郭某非常珍惜。

平时，他并不把自己当作临时工看待，而是像正式职工一样有着"绿衣天使"的职业自豪感。他每天都早出晚归，工作踏踏实实，从没有出现过报刊迟投或误投现象，因此也深受客户和邮政局领导的好评。2017年的某一天，郭某在骑车投递报刊时，不慎被一辆拖拉机上的毛竹戳伤右眼，造成右眼视网膜剥离。经过近1个月的医治，郭某的眼睛虽然保住了，但被认定为6级伤残，右眼几近失明，视力已降至0.1。突如其来的事故，让郭某欲哭无泪，生存的压力使他无法释然。邮政局虽然同意报销郭某的医疗费用，但认为他只是本单位的临时工，因此，只同意发给他12个月的工资作为一次性伤残补助费。2019年3月，郭某向法院提起诉讼，要求县邮政局支付医疗费用、伤残补助金等合计4.65万余元，并为其安排工作，使其享受职工待遇等相关的工伤保险待遇。最后，官司打到了浙江省高级人民法院，2019年11月，经省检察院提出抗诉，省高级人民法院对案件进行再审，并做出终审判决：郭某依法享有工伤保险待遇，县邮政局应承担郭某的医疗费用、工伤津贴等共计4.5万元，并按照每月3000元的标准发放工资。

分析： 郭某之所以能打赢官司，是因为工伤保险待遇是我国《中华人民共和国宪法》和《中华人民共和国劳动法》赋予劳动者的合法权益，是国家为保障职工合法权益、促进安全生产和维护社会稳定而设置的一项强制性的社会保险制度。工伤保险作为一项带有强制性的权利性待遇，是每一位企业职工应当享有的权利。

劳动任务清单（九）

●●● 感受文化自信

在传承创新中"剪"出文化自信

一张红纸，一把剪刀，剪纸传承人灵巧的手巧妙地修剪着，于是一个个栩栩如生的动物剪纸作品便呈现在人们的眼前。白银市剪纸艺术历史悠久，已经成为人们生活中的一部分。过年时贴在窗户上的精美窗花，民间艺人创作的"社会主义核心价值观"图，还有校园里孩子们参与的剪纸艺术培训等，都凝聚成剪纸艺术传承的一个个小故事，让传统非遗文化真正融入到百姓生活，也让越来越多的市民加入"非遗传承人"的队伍中，用传统剪纸艺术"诉说"白银新故事。

白银市民间艺人张兴龙专注于剪纸艺术的精心研究与创作，他结合中华优秀传统文化和中国书画艺术等内容，先后研究、创作出融书法、绘画、剪纸于一体的"社会主义核心价值观""天下太平""龙凤呈祥"等百余种传统文化的剪纸作品，深受当地群众的喜爱。在张老的家中，摆满了他利用闲暇时间创作的诸多作品。一幅幅喜庆的剪纸，一个个生动的人物造型，令人啧啧称奇。

他创作的作品大而求精、寓意丰富。他用灵巧的手赋予了纸张生命，每幅作品都凝聚着他对生活的憧憬和无限热爱，更寄托了他对民间传统艺术的坚守与传承。社会主义核心价值观剪纸一出就广受周围居民们的喜爱，大家纷纷向他请教剪纸的技巧，这种中华优秀传统文化融合社会主义核心价值观的方式也更好更广泛地传播了社会主义核心价值观精神。

试一试：

1. 采访本地剪纸艺人，并分组汇报展示。
2. 尝试参与一次剪纸活动。

劳动任务清单

任务名称	在传承创新中"剪"出文化自信	学生姓名	
劳动时间		劳动地点	
劳动成果展示			
（图文混合展示）			
劳动体悟与反思			

劳动体悟：

劳动经验：

自我评价：

续表

知识掌握清单				
评价要点： 1. 了解创意剪纸的历史； 2. 了解不同创意剪纸的名称、形态和方式。				
评价				
不合格	合格		良	优
练习和观察清单				
评价要点： 1. 成功掌握创意剪纸的技术方法； 2. 能简要记录创意剪纸的过程状态。				
评价				
不合格	合格		良	优
鉴定结果	合格□		不合格□	

给学生的反馈：

如果不合格，需要重新鉴定的说明：

鉴定教师签字： 　　　　　日期：

任务三 劳动合同及权益保障

案例链接

汤某应聘到一家科技公司上班,当初公司正式录用她时,与她签订了为期两年的劳动合同,并在合同中规定,试用期为两个月。可是,从上班的第一周开始,公司就找各种理由要求汤某等员工加班,并且劳动强度非常大。因此,汤某上班半个月后,就不想再继续干了。谁料,汤某的辞职请求却被公司拒绝了。汤某现在很迷茫,不知道公司这种强迫自己继续工作的行为是否可以作为她解除劳动关系的理由,如果劳动关系解除了,自己是否需要承担相应的法律责任。

分析:根据《中华人民共和国劳动合同法》第三十七条的规定,劳动者提前三十日以书面形式通知用人单位,可以解除劳动合同;劳动者在试用期内提前三日通知用人单位,可以解除劳动合同。虽然本案例中的汤某与公司签订了劳动合同,但其在试用期内发现用人单位的工作不利于自己的发展,可以果断行使解除劳动合同的权利。并且,处于试用期的劳动者不必向用人单位说明任何原因和理由,提前三天通知用人单位即可。

思考:根据《中华人民共和国劳动法》和《中华人民共和国劳动合同法》的规定,作为劳动者,如果试用期内自己的权益被侵犯,想要与用人单位解除合同,该如何去做?

知识学堂

劳动合同是劳动者与用人单位之间确立劳动关系、明确双方权利和义务的协议,是维护劳动者合法权益的重要法律文件。劳动合同的签订不仅关系到劳动者的切身利益,也直接影响着劳动关系的和谐稳定。因此,深入了解劳动合同的内容、签订流程及劳动者在合同中的权益保障,对于提高劳动者的法律意识和维权能力具有重要意义。本任务将围绕劳动合同及权益保障展开详细阐述,旨在帮助读者全面了解劳动合同的相关知识。

一、劳动合同

劳动合同是指劳动者与用人单位之间确立劳动关系、明确双方权利和义务的协议。订立和变更劳动合同,应当遵循平等自愿、协商一致的原则,不得违反法律、行政法规的规定。劳动合同依法订立即具有法律约束力，当事人必须履行劳动合同规定的义务。

根据《中华人民共和国劳动法》（以下简称《劳动法》）第十六条第 1 款的规定，劳动合同是劳动者与用工单位确立劳动关系，明确双方权利和义务的协议。根据这个协议，劳动者加入企业、个体经济组织、事业组织、国家机关、社会团体等用人单位，成为该单位的一员，承担一定的工种、岗位或职务工作，并遵守所在单位的内部劳动规则和其他规章制度；用人单位应及时安排被录用的劳动者工作，按照劳动者提供劳动的数量和质量支付劳动报酬，并且根据劳动法律、法规规定和劳动合同的约定提供必要的劳动条件，保证劳动者享有劳动保护及社会保险、福利等权利和待遇。

（一）劳动合同的签订原则

1. 合法原则

劳动合同必须依法以书面形式订立，做到主体合法、内容合法、形式合法、程序合法。只有合法的劳动合同才能产生相应的法律效力，任何一方面不合法的劳动合同，都是无效合同，不受法律承认和保护。

2. 协商一致原则

在合法的前提下，劳动合同的订立必须是劳动者与用人单位双方协商一致的结果，是双方"合意"的表现，不能是单方意思表示的结果。

3. 合同主体地位平等原则

在劳动合同的订立过程中，当事人双方的法律地位是平等的。劳动者与用人单位不应因为各自性质的不同而处于不平等地位，任何一方不得对他方进行胁迫或强制命令，严禁用人单位对劳动者横加限制或强迫命令等情况发生。只有真正做到地位平等，才能使所订立的劳动合同具有公正性。

4. 等价有偿原则

劳动合同明确双方在劳动关系中的地位和作用，是一种双务有偿合同，劳动者承担和完成用人单位分配的劳动任务，用人单位付给劳动者一定的报酬，并负责为劳动者缴纳法律规定的社会保险费。

（二）劳动合同的内容

根据《中华人民共和国劳动合同法》（以下简称《劳动合同法》）的规定，用人单位与劳动者签订劳动合同应以书面形式确立，劳动合同内容就是劳动合同中包含的具体条款，这些条款分为必备条款和补充条款。

1. 必备条款

必备条款包括以下内容：

（1）用人单位的名称、住所和法定代表人或者主要负责人。

（2）劳动者的姓名、住址和居民身份证或者其他有效身份证件号码。

（3）劳动合同期限。它指的是劳动合同的有效时间，是双方当事人所订立的劳动合同的起始时间和终止时间，即劳动关系具有法律效力的时间。

（4）工作内容和工作地点。工作内容包含从事劳动的工种、岗位，以及应该完成的生产（工作）任务及工作班次等；工作地点指的是劳动者具体上班的地点，对劳动者来说越详细越好。

（5）劳动报酬。它主要包括工资、奖金、津贴和补贴等内容。

（6）劳动纪律。它是劳动者在生产（工作）过程中必须遵守的工作秩序和劳动规则。

（7）劳动合同终止的条件。劳动合同中约定的合同终止条件是指除法律法规规定的合同终止条件以外，当事人双方自己协商确定的终止合同效力的条件。

（8）劳动保护、劳动条件和职业危害防护。它们指的是用人单位应当为劳动者提供的劳动保护措施和劳动条件，主要包括劳动安全和卫生规程、工作时间和休息休假等内容。

（9）违反劳动合同的责任。它是指当事人由于自己的过错而造成劳动合同的不履行，或不适当履行所应当承担的责任。

（10）法律法规规定应当纳入劳动合同的其他事项。

2. 补充条款

补充条款又称为可备条款，是双方当事人通过协商订立的条款，条款的内容如下：

（1）试用期条款。试用期条款是劳动合同中的常见条款。法律对试用期有较明确的规定，如试用期应当包含在劳动期内，并应当参加社会保险，以及试用期最长不得超过6个月等。其中，合同期在1年以上不满3年的，试用期不得超过两个月；合同期在3个月以上不满1年的，试用期不得超过1个月。

（2）保守商业秘密条款。约定这一条款的目的在于保护用人单位的经济利益。目前，越来越多的用人单位开始重视商业秘密的保护，在录用一些关键岗位的人员时均要求其签订相应的保密条款。

案例链接

提前解约

孙某是某软件开发公司的高级工程师，在软件开发部工作。出于工作的需要，他掌握着软件开发过程中许多关键性的技术和机密。然而，正是这些技术和机密给他带来了一场官司。原来，孙某觉得一家正处于创业阶段的小公司更能发挥自己的才智和特长，于是想"另谋高就"，遂向公司递交了辞呈，但公司未给出答复。一个月后，孙某要求办理辞职手续，被公司拒绝。双方为此发生争议，请求仲裁委员会裁决。孙某的辞职主张得到了劳动争议仲裁委员会的支持，仲裁委员会裁定孙某与公司解除劳动合同，并依合同约定支付违约金 3000 元。公司不服，遂起诉至法院，请求撤销仲裁委员会的裁定，判令孙某继续履行劳动合同，并赔偿由此给公司造成的经济损失。公司的理由是孙某掌握着公司的商业秘密，他跳槽后，很可能使第三者知道并利用这些技术，使公司利益受损。况且，双方签订的劳动合同尚未到期，应当继续履行。被告孙某则不同意公司的诉讼请求，要求维持仲裁委员会的裁决。在法庭质证过程中，孙某和公司都对双方所签订的劳动合同予以认可，公司对其所称经济损失的主张没有举出相应证据。

分析： 本案双方当事人争议的焦点是：首先，被告孙某是否享有辞职权，以及软件开发公司能否以保护商业秘密为由不予办理辞职手续。我国《劳动法》和《劳动合同法》都规定了劳动者的辞职权。根据《劳动合同法》第三十七条的规定，劳动者提前三十日以书面形式通知用人单位，可以解除劳动合同。孙某提前三十日书面通知公司解除劳动合同，依法履行了劳动者的预告通知义务，公司应当同意并为其办理辞职手续。

其次，公司能否以保护商业秘密为由，阻止孙某解除劳动合同。劳动者单方解除劳动合同，除了依照法定程序，对劳动者行使辞职权不附加任何条件。用人单位不能以风险和损失为由阻止及干扰劳动者辞职。双方在商业秘密上争议的实质其实是对商业秘密的保守和竞业禁止。根据《劳动合同法》第二十三条的规定，用人单位与劳动者可以在劳动合同中约定保守用人单位的商业秘密和与知识产权相关的保密事项。对负有保密义务的劳动者，用人单位与劳动者可以在劳动合同或者保密协议中与劳动者约定竞业限制条款，并约定在解除或者终止劳动合同后，在竞业限制期限内按月给予劳动者经济补偿。劳动者违反竞业限制约定的，应当按照约定向用人单位支付违约金。从这里可以看出，保守商业秘密和竞业限制是用人单位和劳动者的约定条款，用人单位和劳动者可以选择约定，也可以选择不约定，并不存在必须约定的法律义务。在本案中，软件公司没有和孙某约定保守商业秘密和竞业限制条款，又不能举证证明孙某的提前解约行为已经给单位造成现实的、直接的损失。因此，软件公司不能以此理由阻止、干扰孙某解除劳动合同。

根据双方签订的劳动合同，双方约定"劳动者提前解除合同，需向用人单位支付违约金 3000 元"，因此孙某应当依约支付违约金。

（三）无效劳动合同

无效劳动合同是指当事人违反法律规定而订立的劳动合同，该劳动合同不具有法律效力。根据无效程度，无效劳动合同可分为部分无效和全部无效。

二、劳动权利

（一）平等就业与选择职业的权利

平等就业和选择职业是每个劳动者都拥有的劳动权利。所谓平等就业，就是指在劳动就业中实行男女平等及民族平等的原则。招工时不得歧视妇女，不得歧视少数民族的劳动者，男女之间及不同民族之间应一视同仁。在录用职工时，除国家规定的不适合妇女的工种或者岗位外，不得以性别为由拒绝录用妇女或者提高对妇女的录用标准。在劳动和工作的调配方面应根据实际情况，对妇女予以必要的照顾。根据政策对少数民族应有适当的照顾，在工资方面应贯彻同工同酬的原则。

（二）取得劳动报酬的权利

取得劳动报酬是每个劳动者都拥有的权利，它是指劳动者有权根据自己的劳动数量和质量及时得到合理的报酬，任何用人单位不得克扣或无故延期支付。根据《劳动合同法》的规定，全日制用工的，工资应当至少每月支付一次；非全日制用工，劳动报酬结算支付周期最长不超过15日。在此规定下，用人单位工资发放时间由用人单位与职工在劳动合同中约定。

在我国，劳动者取得劳动报酬的分配方式是按劳分配。按劳分配是根据劳动者提供的劳动量给付报酬，多劳多得，少劳少得，不劳不得。

为了给予劳动者必要的社会保护，国家实行最低工资保障制度。最低工资是指保障劳动者及其家庭的最低生活需要的工资，其标准由各省、自治区及直辖市人民政府规定，报国务院备案。

案例链接

超低的试用期工资

李某到一家中外合资的电子企业工作，进厂时未提出与企业订立劳动合同，但与企业口头约定用工试用期为6个月，期满后视情况再定工作岗位。第一个月李某领到工资1500元，其他员工告诉他，当地最低工资标准为1800元，企业支付给李某的工资太低。李某找到电子企业的厂长询问，厂长解释说试用期属于不熟练劳动期，工资可以低于最低工资标准。

思考：如果你是李某，你会怎么据理力争？

（三）休息休假的权利

休息休假是我国《中华人民共和国宪法》（以下简称《宪法》）规定的公民权利，这一权利的重要意义在于能够保证劳动者身体和精神上的疲劳得以解除，借以恢复劳动能力。

我国实行每日工作8小时，平均每周工作40小时的工作制度。

一般情况下，在法定的节假日期间，用人单位应当按照国家规定的休假天数安排劳动者休假，而不能任意组织加班。用人单位由于生产经验需要，经与工会和劳动者协商后可以延长工作时间,一般每日不得超过 1 小时;因特殊原因需要延长工作时间的,在保障劳动者身体健康的条件下延长工作时间,每日不得超过 3 小时,但是每月不得超过 36 小时。

用人单位在符合法律规定的前提下延长劳动者的工作时间,必须向劳动者支付报酬,而且要支付高于劳动者正常工作时间的工资报酬。

此外,我国还实行带薪休假制度。劳动者连续工作 1 年以上,享受带薪休假。

(四) 获得劳动安全和卫生保护的权利

获得劳动安全和卫生保护是每个劳动者都拥有的劳动权利。在劳动生产过程中存在各种不安全和不卫生因素,如果不采取措施加以保护,就会危害劳动者的生命安全和身体健康,甚至妨碍生产的正常进行。劳动者有权要求改善劳动条件和加强劳动保护,保证在生产过程中能够安全和健康。

劳动者在劳动过程中必须严格遵守安全操作规程。对用人单位管理人员违章指挥及强令冒险作业等有权拒绝执行;对危害生命安全和身体健康的行为有权提出批评、检举和控告。从事特种作业的劳动者必须经过专门培训并取得特种作业资格。

(五) 接受职业技术培训的权利

职业技术培训是为了培养人们从事各种职业所需的技术业务知识和实际操作技能而进行的教育和训练,劳动者有权要求接受这种教育和训练。

职业技术培训是国民教育体系的一个重要组成部分,用人单位应当建立职业技术培训制度,按照国家规定提取和使用职业培训经费。企业要根据本单位的实际,有规划地对劳动者进行培训。从事技术工种的劳动者,上岗前必须经过培训。

(六) 享受社会保险和福利的权利

享受社会保险和福利是每个劳动者都拥有的劳动权利,我国《宪法》明确规定:"中华人民共和国公民在年老、疾病或者丧失劳动能力的情况下,有从国家和社会获得物质资助的权利。"劳动者享受的社会保险和福利的权利也就是劳动者享受的物质帮助权。

用人单位和劳动者必须依法参加社会保险,缴纳社会保险费。国家鼓励用人单位根据本单位的实际情况为劳动者建立补充保险,提倡劳动者个人建立储蓄性保险。将基本保险、补充保险和储蓄性保险相结合,能够使劳动者享受的社会保险待遇得到切实保障。

(七) 提请劳动争议处理的权利

劳动争议涉及劳动者的健康安全、工作和生活的各个方面,关系到劳动者的切身利益。因此,一旦劳动争议出现,劳动者就有权请求处理。

解决劳动争议应当根据合法、公正和及时处理的原则,依法维护劳动争议当事人的合法权益。

三、劳动争议的处理

劳动争议是指劳动关系的当事人之间因执行劳动法律、法规和履行劳动合同而发生的纠纷，即劳动者与所在单位之间因劳动关系中的权利义务而发生的纠纷。

劳动争议的范围在不同的国家有不同的规定，根据我国《中华人民共和国劳动争议调解仲裁法》（以下简称《劳动争议调解仲裁法》）第二条的规定，劳动争议的范围如下：

（1）因确认劳动关系发生的争议。

（2）因订立、履行、变更、解除和终止劳动合同发生的争议。

（3）因除名、辞退和辞职、离职发生的争议。

（4）因工作时间、休息休假、社会保险、福利、培训及劳动保护发生的争议。

（5）因劳动报酬、工伤医疗费、经济补偿或者赔偿金等发生的争议。

（6）法律法规规定的其他劳动争议。

劳动争议处理方式包括协商、调解、仲裁和诉讼。

《劳动争议调解仲裁法》第四条规定："发生劳动争议，劳动者可以与用人单位协商，也可以请工会或者第三方共同与用人单位协商，达成和解协议。"第五条规定："发生劳动争议，当事人不愿协商、协商不成或者达成和解协议后不履行的，可以向调解组织申请调解；不愿调解、调解不成或者达成调解协议后不履行的，可以向劳动争议仲裁委员会申请仲裁；对仲裁裁决不服的，除本法另有规定的外，可以向人民法院提起诉讼。"

四、劳动合同的签订流程

劳动合同的签订是确立劳动关系的重要环节。一般来说，劳动合同的签订流程如下：

用人单位与劳动者就劳动合同的内容进行协商，达成一致意见。

双方签订书面劳动合同，明确双方的权利和义务。

劳动合同一式两份，用人单位和劳动者各执一份。

用人单位应当自用工之日起一个月内与劳动者订立书面劳动合同。

在签订劳动合同时，用人单位应当遵循合法、公平、平等自愿、协商一致、诚实信用的原则，不得违反法律、法规的规定。同时，劳动者也应当认真阅读劳动合同的内容，确保自己的权益得到充分保障。

五、劳动者在合同中的权益保障

劳动合同是保障劳动者权益的重要法律文件。在劳动合同中，劳动者的权益主要包括以下几个方面：

获得劳动报酬的权利：劳动者有权按照劳动合同约定获得劳动报酬，用人单位应当及时足额支付工资。

　　享有休息休假的权利：劳动者有权享有国家规定的休息休假制度，用人单位应当合理安排劳动者的工作时间和休息休假。

　　享有社会保险和福利的权利：劳动者有权享有国家规定的社会保险和福利待遇，用人单位应当按照法律规定为劳动者缴纳社会保险费。

　　享有劳动保护的权利：劳动者有权在劳动过程中获得必要的劳动保护和职业危害防护，用人单位应当提供符合国家标准的劳动保护条件。

　　享有合同解除和终止的权利：劳动者有权在符合法律规定的条件下解除或终止劳动合同，用人单位不得随意解除或终止劳动合同。

　　为了保障劳动者的权益，国家制定了一系列法律法规和政策措施。例如，《劳动合同法》规定了劳动合同的签订、履行、变更和终止等各个环节的法律要求；《劳动法》规定了劳动者的基本权利和义务；《社会保险法》规定了社会保险的种类、缴纳比例和福利待遇等。这些法律法规和政策措施为劳动者提供了坚实的法律保障。

　　劳动合同是维护劳动者合法权益、规范劳动关系的重要法律文件。通过本任务的介绍，我们可以大致了解劳动合同的基本内容、签订流程及劳动者在合同中的权益保障。在实际应用中，我们应当严格遵守各项劳动法律法规和政策措施，切实维护劳动者的合法权益。同时，我们还应当积极推动劳动合同制度的完善和发展，为构建更加和谐稳定的劳动关系、促进经济社会的持续健康发展贡献力量。展望未来，随着法治建设的不断深入和劳动者权益保障意识的日益增强，劳动合同将在维护社会公平正义、推动社会进步方面发挥更加重要的作用。

案例链接

多次约定试用期

　　2018年1月，许某被北京一家外商投资企业录用，主要从事企业产品销售工作。许某上班后，企业就与他签订了1年期的劳动合同，并约定了2个月的试用期，每月的劳动报酬是5000元，另外根据许某的销售业绩予以提成。双方合同期限届满后，企业认为许某不适合从事销售工作，调整其工作岗位为仓库发货员，并与其续签了1年的劳动合同，且又约定了2个月的试用期。第二次试用期期间，许某收到了企业解除劳动合同通知书，原因是许某在试用期内几次犯错。许某感到很突然，要求企业给个说法，但企业不予理会。于是，许某请求劳动仲裁委员会仲裁，要求企业支付违法解除劳动合同的经济补偿金。仲裁委员会依法予以受理。

分析： 不管是劳动合同的续订、劳动者离职后的再次招用，还是劳动者岗位发生变更，均不能成为用人单位与劳动者再次约定试用期的理由。因《劳动合同法》有规定，同一用人单位与同一劳动者在签订劳动合同时不能两次约定试用期。聘用许某的企业擅自约定两次试用期，并以试用期不符合录用条件为由单方面与许某解除劳动合同属于违法解除。所以按照《劳动合同法》的有关规定，该企业应该支付许某经济补偿标准二倍的赔偿金。

劳动任务清单（十）

劳模爱岗敬业

中国梦·劳动美——学习先进模范，弘扬劳模精神

劳动是一切幸福的源泉。2020年11月24日，习近平总书记在全国劳动模范和先进工作者表彰大会上指出，劳动模范是民族的精英、人民的楷模，是共和国的功臣。进入新时代以来，我国工人阶级和广大劳动群众在实现中国梦伟大进程中发挥了主力军作用，谱写了中国梦劳动美的新篇章。为了更好地学习先进模范，弘扬劳模精神，上海中医药大学的同学召开了以"中国梦·劳动美——学习先进模范，弘扬劳模精神"为主题的团日活动。

活动伊始，大家一起学习了习近平总书记在全国劳动模范和先进工作者表彰大会上的讲话。同学们备受激励，并表示作为新时代的大学生，会尽自己所能，积极弘扬劳模精神，在决胜全面建成小康社会、决战脱贫攻坚取得决定性成就的基础上，乘风破浪，开拓进取，为全面建设社会主义现代化国家、实现第二个百年奋斗目标而继续奋斗。

随后，同学们纷纷以讲述故事、播放视频和诗歌朗诵的方式，分享着令他们动容的英雄事迹。这些劳模故事、劳动故事和工匠故事，是我们美丽的社会风尚，我们要将此传承和接续发展。

试一试：

1. 思考学劳模主题活动的价值和意义，并分组汇报展示。
2. 尝试组织一次学劳模主题活动。

劳动任务清单

任务名称	学习先进模范，弘扬劳模精神	学生姓名	
劳动时间		劳动地点	
劳动成果展示			
（图文混合展示）			
劳动体悟与反思			

劳动体悟：

劳动经验：

自我评价：

续表

知识掌握清单				
评价要点： 1．了解学劳模主题活动的内容； 2．了解参加学劳模主题活动的方式。				
评价				
不合格	合格		良	优
练习和观察清单				
评价要点： 1．参加学劳模主题活动； 2．能简要记录学劳模主题活动的过程状态。				
评价				
不合格	合格		良	优
鉴定结果	合格□		不合格□	

给学生的反馈：

如果不合格，需要重新鉴定的说明：

鉴定教师签字：　　　　日期：

任务四 实习与现代学徒制权益

案例链接

近几年，职业教育受诟病的问题之一，就是一些职业学校打着"岗位实习""社会实践""体验式教学"等旗号，把学生"输送"给企业充当廉价劳动力。

据《中国青年报》报道，兰州某外语职业学院不少学生被学校安排至惠州、东莞、昆山等地的电子工厂，进行为期6个月的岗位实习。学生们每天被要求至少工作12小时，做着和所学专业毫无关系的流水线工作。

一些职业学校之所以违反国家相关规定，如此操作，大都是冲着其中的利益。近年来，珠三角、长三角等地区存在用工荒等问题，加之部分企业用工不规范，以及受违法违规成本太低等因素影响，一些职业学校为了创收，与企业联手，将学生实习变为工厂打工，并以扣学分、不发毕业证等迫使学生就范。

分析： 实践也好，实习也罢，作为职业教育的一部分，其内容都应当与职业学校学生的专业学习紧密连接，服务于提高其专业素质与能力这一根本目标。国家相关部门对岗位实习乱象进行整顿，对顶岗实习过程进行规范，不仅需要提高企业和学校的违法违规成本，对违规行为人追究责任，而且需要学生拿起《职业学校学生实习管理规定》等法律武器，向变味的岗位实习"潜规则"说"不"。

思考： 你期望的岗位实习是什么样的？

知识学堂

一、实习及相关概念

（一）实习

实习是指初步具备实践岗位独立工作能力的学生，到相应实习岗位，相对独立地参与实际工作的活动。学生在经过一段时间的学习之后，需要了解自己所学的理论知识应当如何应用在实践中。任何知识都源于实践、归于实践，所以要付诸实践来检验所学。

（二）认识实习

认识实习是指学生由职业学校组织到实习单位参观、观摩和体验，形成对实习单位和相关岗位的初步认识的活动。

（三）跟岗实习

跟岗实习是指不具有独立操作能力、不能完全适应实习岗位要求的学生，由职业学校组织到实习单位的相应岗位，在专业人员的指导下参与辅助工作的活动。

职业院校学生的实习过程既是一个学习过程，也是一个劳动过程。根据国家相关文件要求，认识实习、跟岗实习由职业学校安排，学生不得自行选择。学生经本人申请、职业学校同意，可以自行选择实习单位。对自行选择实习单位的学生，实习单位应安排专门人员指导学生实习，学生所在职业学校要安排实习指导教师跟踪了解实习情况。

（四）实习的组织与实施

实习的组织与实施是确保实习效果的关键环节。首先，学校应制订详细的实习计划和实习大纲，明确实习目标、实习内容、实习时间和实习方式等。其次，学校应与企业建立紧密的合作关系，共同制定管理制度，确保双方共同参与、共同管理、共同受益。此外，学校还应加强对实习过程的监控和管理，定期了解学生的实习情况，及时解决实习过程中出现的问题。

在实习过程中，企业应为学生提供必要的实习条件和安全保障，包括实习岗位、实习导师、实习设备等。同时，企业还应加强对学生的培训和指导，帮助他们尽快适应工作环境，提高职业技能水平。此外，企业还应积极参与学校的课程设置和教学改革活动，为学生提供更加贴近市场需求和行业发展趋势的实习机会。

（五）实习中的权益保障问题

在实习过程中，保障学生的权益至关重要。这些权益包括学生的劳动报酬权、安全保障权、休息休假权等。学校和企业应共同制定实习协议，明确双方的权利和义务，确保学生的合法权益得到有效保障。同时，政府和社会也应加强对实习活动的监管和支持力度，为实习活动的顺利开展创造良好的外部环境。

（六）实习的效果评估与反馈

实习结束后，学校和企业应对学生的实习效果进行评估和反馈。评估内容可以包括学生的职业技能水平、工作态度、团队协作能力等方面。通过评估和反馈，学校可以了解实习活动的实际效果和存在的问题，为今后的实习活动提供改进依据；企业则可以发现优秀人才并为今后的招聘活动提供参考；学生则可以了解自己的优点和不足并为今后的职业发展制定更加明确的规划。

实习作为职业教育和高等教育的重要组成部分，对于提高学生的职业技能和就业竞争力具有重要意义。本任务通过阐述实习的概念与重要性、介绍实习的类型与模式、探讨实习的组织与实施，以及分析实习中的权益保障问题和实习的效果评估与反馈等方面内容，全面深入地探讨了实习在职业教育和高等教育中的地位和作用。

随着社会对高技能人才需求的不断增加及教育改革的深入推进，实习将在职业教育和高等教育中发挥更加重要的作用。同时，随着校企合作的不断深化及政府对实习活动的日益重视，相信实习活动将更加规范化、制度化和科学化，为学生的全面发展和社会的持续进步提供有力支撑。

二、现代学徒制

（一）现代学徒制概述

现代学徒制是我国教育部于2014年提出的一项旨在深化产教融合、校企合作，进一步完善校企合作育人机制，创新技术技能人才的培养模式。

现代学徒制是通过学校、企业深度合作，教师、师傅联合传授，对学生以技能培养为主的现代人才培养模式。与普通大专班和以往的订单班、冠名班的人才培养模式不同，现代学徒制更加注重技能的传承，由校企共同主导人才培养，设立规范化的企业课程标准、考核方案等，体现了校企合作的深度融合。

现代学徒制具有"招生招工同步、确定培养目标、实现教学方案、整合教学资源和实践双绩评价"的办学特色，其教学过程采用工学交替、半工半读的方式，将专业知识教育与实践技能培训相结合，通过职业院校与企业的密切合作，形成"教师+师傅"的新型教育模式。

按照现代学徒制的人才培养计划和要求，学校和企业同时作为施教主体，职业院校有针对性地为企业用工培养技术人才，企业在招收学徒时与学校合作，达到招生与招工一体化的目的。现代学徒制的特征使学生具有学生与学徒的双重身份。学生通过在企业预定的工作岗位学习，在培养具体实操能力、完成教学计划的同时学习专业技能。由于学生事实上已经在用人单位提供劳动，其人身在一定范围内交由企业支配，与企业形成了特殊的劳动法律关系，因此可以称其为"准劳动关系"。

（二）现代学徒制下的学生权益

在现代学徒制下，学生在实习期间一般从事实操性强的工作，与各种设备接触，与不同机器打交道，即便在严格按照企业劳动规范进行劳动的情况下，也可能会出现不同程度的安全事故，因此，学生人身权益受损情况时有发生。根据劳动关系特征，学生人身权益保护应等同于企业员工。学生遵循企业各项劳动规则，接受企业劳动指令与管理，企业应该承担学生人身健康的保障义务。

学生的人身权益主要是生命权和健康权，保障学生的生命权和健康权是做好安全工作的基本前提。学生由于在企业做学徒而不在学校直接监管之下，企业对学生人身权益的保护起到关键性作用。现代学徒制虽然不同于"校企合作"办学模式，但在学生权益保护问题上面临同样的困境，学生作为学徒参与实际工作，不能等同于企业正式员工，在很多问题上无法用《劳动法》等相关法律予以解决。对于生命权和健康权这些最基本的人权保护，学校和企业应共同承担责任。

学生人身权益还包括身体权、名誉权、隐私权和人身自由权等方面。由于学生实际工作经验不足，又经常直接与机器设备接触，极易在生产工作过程中遭遇意外事故。例如，学生身体权受到侵害，被机器设备弄伤手脚的事故时有发生；学生工作能力较弱，经常被同事、上司等训斥，不同程度地伤害个人自尊甚至名誉权；学生个人信息在工作过程中严重外泄，学校和企业没有做好保护措施而导致学生隐私权受到侵犯；因薪酬等原因对离职进行限制，部分学生不能按照个人意愿离开企业，在一定程度上人身自由权被侵犯。在现代学徒制下，职业院校和企业应该为学生提供安全、卫生、合格的工作环境，让学生在保障个人人身安全的前提下进行劳动。

学生作为学徒参与现代学徒制的劳动任务，按照相关法律规定享有报酬权，但报酬额度的具体操作标准没有明确规定。企业支付学徒报酬没有法律的强制性约束，导致了支付报酬的随意性。在实际案例中，很多学生工作付出与报酬收入不对等，有些学生甚至白干活，个别企业以学生学徒身份为由，拒绝支付任何工资或补贴。

与传统的学徒身份不一致，在实际工作中还必须保障学生的休息权，适当缩短工时以保证其充分休息。从《劳动法》角度审视，剥夺学生休息权的行为明显侵犯了学生的合法权益。

另外，还需要保障学生的就业权、平等权、职业培训权、救济权、劳动保护权和工伤保险权等权利。其中，与学生切身利益相关的劳动保护权和工伤保险权受侵犯的情况较为普遍，学生有权利要求企业提供安全的工作环境，并将其纳入劳动者保护范围，赋予其工伤保险权。

（三）保障现代学徒制学生权益的措施

为确保学生在现代学徒制中的权益得到充分保障，需要采取以下措施：

加强法律法规建设：国家应出台相关法律法规和政策文件，明确现代学徒制的法律地位和实施要求，规范学校、企业和学生的行为。同时，应加大对违法违规行为的惩处力度，切实维护学生的合法权益。

强化政府监管职责：政府应加强对现代学徒制的监管和管理力度，建立有效的监管机制和信息反馈系统；定期对学校和企业进行评估和审核，确保其按照规定和要求实施现代学徒制；同时，应加强对企业和学校的指导和支持，帮助他们提高人才培养质量和管理水平。

完善校企合作机制：学校和企业应建立紧密的合作关系和有效的沟通渠道，共同制定现代学徒制的管理制度，明确双方的责任和义务及学生的权益保障措施。同时，应加强对学生的跟踪管理和服务支持，及时解决他们在学习和工作中遇到的问题和困难。

提高学生自我保护意识：学校和家庭应加强对学生的法治教育和自我保护意识培养，让他们了解自己的权益、义务及维权途径。同时，应引导学生树立正确的职业观念和价值观念，积极参与现代学徒制的学习和实践活动。

案例链接

同工不同酬

段某作为某职业学校旅游英语专业的学生，在经过两年系统学习后，在三年级上学期被学校统一安排到一家酒店当服务员。作为刚刚迈出校门的学生，他从开始的好奇、兴奋到后来的乏力，从自我否定到肯定。短短几个月的实习，他自认为经历的事情比自己前16年经历的还多。段某在酒店的实习生活一开始就遇到了两个难题：第一个就是和学校不一样的作息时间和用餐时间。早、中、晚三班倒令他睡眠有些不足；早、午、晚饭间隔时间不固定，使得他无法正常吃饭。第二个就是这个岗位的特殊性。哪里有需要就往哪里跑，点单、上菜、倒水、收拾餐盘，每天都忙碌12个小时以上。

经过两周的实习，段某慢慢适应了这种紧张的生活。他憧憬着发工资的日子早点到来，毕竟这是自己人生第一次依靠辛勤劳动赚来的钱，所以他特别在乎。在期待中迎来了发工资的日子，段某没有想到他的第一个月工资仅有1800元，他觉得跟正式工每月4000元的工资相比太低了，所以主动找主管反映意见，但主管说因为他是实习生，很多工作都不熟悉甚至无法胜任，所以实习期间每月1800元的工资是非常合理的。段某认为自己与酒店正式员工干着无差别的工作，主管的说法有些强词夺理，但自己作为实习生却无力反抗。他非常郁闷，正在考虑是否联合实习的同学一起去争取自己的权益。

分析：《职业学校学生实习管理规定》要求接收学生实习的实习单位应参考本单位相同岗位的报酬标准和实习学生的工作量、工作强度、工作时间等因素，合理确定实习报酬，原则上不低于本单位相同岗位试用期工资标准的80%，并按照实习协议约定，以货币形式及时、足额支付给学生。段某在实习期间承担了正常的岗位工作，但其实习工资却仅是酒店相同岗位试用期工资标准的45%，所以他应该据理力争，维护自己的权益。

现代学徒制作为职业教育和培训的重要组成部分，对于提高学生的职业技能和就业竞争力具有重要意义。本任务通过阐述现代学徒制的概念与发展，分析学生在现代学徒制中的权益保障问题及其解决策略，以结合实际案例进行分析等方式深入探讨了现代学徒制中学生的权益保障问题及其重要性。

随着职业教育的不断发展和社会对高技能人才需求的日益增加，现代学徒制将在职业教育和培训中发挥更加重要的作用。同时，随着法律法规的完善和监管力度的加强，以及校企合作的深入推进，相信现代学徒制中学生的权益保障问题将得到更加有效的解决。这将有助于培养更多具有高素质、高技能的人才，为推动经济社会的持续健康发展提供有力的人才保障。

劳动任务清单（十一）

精益求精，工匠精神

能工巧匠：做一枚属于自己的专属印章

古书中的小楷竖排手写，其间辅以朱红色印章实例和墨色古代篆刻拓印，读此类书实则是在观赏一场书法与篆刻交相呼应的精彩表演。中国人，如果说在文化上有什么可以骄傲的话，那首当想到的就应该是这数千年一脉相承的文字。而篆刻、印章更是中华祖先将文字上升为权威、人格、诚信的代表的一种极致尊崇与华美技艺。

所以，每个中国人都应拥有一枚属于自己的印章！因为，只有当你看到你自己的名字以那种精湛的技艺、神秘的字体、华美的造型和那红通通的色彩印在纸上时，你才能真正体会其中蕴含的责任、信义与使命。鲜红的印章会告诉你，每个名字都可以蕴含着伟大！印者，信也。从印章问世起，就作为信验的凭证。见印如见其人，印落纸上，便是一诺千金，一言九鼎。为人处世，正应如此。

试一试：

1. 思考印章的价值和意义，并分组汇报展示。
2. 尝试篆刻一个专属印章。

劳动任务清单

任务名称	能工巧匠：做一枚属于自己的专属印章	学生姓名	
劳动时间		劳动地点	
劳动成果展示			
（图文混合展示）			

劳动体悟与反思
劳动体悟：
劳动经验：
自我评价：

续表

知识掌握清单			
评价要点： 1．了解印章的历史； 2．了解不同印章的名称、形态和制作方式。			
评价			
不合格	合格	良	优
练习和观察清单			
评价要点： 1．成功掌握制作印章的技术和方法； 2．能简要记录制作印章的过程状态。			
评价			
不合格	合格	良	优
鉴定结果	合格□		不合格□

给学生的反馈：

如果不合格，需要重新鉴定的说明：

鉴定教师签字：　　　　　日期：

知识拓展

与"劳动制度与劳动法规"直接相关的古话并不多见,因为古代社会并没有现代意义上的劳动法规。然而,我们可以从古代文献中找到一些与劳动、法治等相关的名言,这些名言在一定程度上可以与现代劳动制度与劳动法规的理念相契合。

> 古话与名言:
> ◇"民以食为天,食以劳为先。"
> 这句话强调了劳动对于民众生活的重要性,虽然它没有直接提及劳动制度,但可以理解为劳动是民众生活的基础,因此应当有合理的制度来保障劳动者的权益。
> ◇"君子爱财,取之有道。"
> 这句话出自《增广贤文》,意指君子在追求财富时,应当遵循正当的途径和规则。还可以引申为劳动者在获取报酬时,应当受到法律的保护,遵循合法的劳动制度。
> ◇"法不阿贵,绳不挠曲。"
> 这是《韩非子·有度》中的名言,意思是法律不偏袒有权有势的人,墨线不向弯曲的地方倾斜。这强调了法律的公正性和普遍性,对于劳动法规而言,同样应当不分贵贱、一视同仁地保护劳动者的权益。
> ◇"治天下者,必先立其法。"
> 这句话强调了法治对于国家治理的重要性。同理,对于劳动领域而言,建立健全的劳动法规体系是保障劳动者权益、促进劳动关系和谐的基础。
> ◇"天下之事,不难于立法,而难于法之必行。"
> 这句话出自明代张居正,强调了法律执行的重要性。对于劳动法规而言,制定法律固然重要,但更重要的是确保这些法律得到有效执行,从而真正保障劳动者的权益。

虽然这些古话和名言并没有直接提及"劳动制度与劳动法规",但它们所蕴含的理念与现代劳动法规的精神是相通的。通过这些名言,我们可以更好地理解和阐述劳动制度与劳动法规的重要性和必要性。

项目训练

劳动制度与劳动法规的深入探究

一、项目目标

通过对劳动制度与劳动法规的深入学习,使学生全面了解劳动法律体系的构成及其在实际生活中的作用。

培养学生的法律意识，使其能够依法维护自身的合法权益，同时尊重他人的劳动成果。

提升学生的自主学习和团队合作能力，通过项目训练锻炼其实践能力和解决问题的能力。

二、项目内容

本项目训练将围绕劳动制度与劳动法规展开，具体包括以下几个环节。

1. 劳动制度与劳动法规的理论学习

学生需自主学习劳动制度与劳动法规的相关知识，包括劳动法的基本原则、劳动合同制度、工时与休假制度、工资制度、劳动保护与安全卫生制度、劳动争议处理制度等。学习形式包括阅读教材、查阅相关法律法规、观看视频教程等。

2. 案例分析与小组讨论

教师提供若干与劳动制度与劳动法规相关的实际案例，学生分组进行讨论。每组需对案例进行深入分析，探讨案例中涉及的法律问题、劳动者的权益保障情况等，并提出自己的见解和解决方案。通过案例分析，使学生更加直观地了解劳动制度与劳动法规在实际生活中的应用。

3. 模拟劳动仲裁庭

学生分组扮演劳动者、用人单位、仲裁员等角色，模拟劳动仲裁庭的审理过程。每组需选择一个劳动争议案例进行模拟审理，包括陈述事实、提供证据、进行辩论等环节。通过模拟实践，帮助学生更加深入地了解劳动争议的处理程序和劳动者的维权途径。

4. 项目成果展示与评价

各组需将项目成果进行展示，包括理论学习的总结、案例分析的报告、模拟劳动仲裁庭的审理记录等。展示形式包括 PPT 演示、视频展示、角色扮演等。教师和其他组别的同学对项目成果进行评价，并提出改进意见和建议。

三、项目总结

通过本项目训练，学生可以全面深入地了解劳动制度与劳动法规的相关知识，提升自己的法律意识和实践能力。同时，通过自主学习、小组讨论和模拟实践等多样化的学习方式，可以培养学生的自主学习能力和团队合作能力。在未来的学习和工作中，学生将更加关注劳动法律制度的完善和发展，积极维护自身的合法权益，为构建和谐的劳动关系贡献自己的力量。

项目四

传承劳动精神

➤ **知识目标**

1. 深入了解新时代劳动精神的核心内涵，以及新时代劳动精神的具体要求。
2. 掌握劳动精神的价值，以及传承劳动精神的途径与方法。
3. 掌握新时代工匠精神的概念、内涵，以及弘扬工匠精神的现实意义。
4. 掌握劳模精神的含义、内涵与实践意义，以及职校学生应具备的劳动素养。

➤ **能力目标**

1. 能够自觉践行劳动精神，将勤劳、创新、奋斗、奉献等品质融入日常生活和工作中，不断提升自己的综合素质和职业能力。
2. 能够运用所学知识参与劳动精神的宣传活动，通过讲述劳动模范的故事、分享劳动感悟等方式，影响和带动更多人传承劳动精神。
3. 能够以劳模精神为引导，不断提升自己的劳动素养。

➤ **素养目标**

1. 培养热爱劳动、崇尚劳动的情感态度，认识到劳动是光荣的、伟大的，愿意为劳动事业奉献自己的力量。
2. 以劳模精神激励自己，积极提升劳动素养，为社会建设贡献力量。
3. 提升审美情趣和人文素养，欣赏劳动者的美丽和劳动成果的价值，懂得感恩和珍惜他人的劳动成果。

项目导读

《中华人民共和国职业教育法》第四条规定:"实施职业教育应当弘扬社会主义核心价值观,对受教育者进行思想政治教育和职业道德教育,培育劳模精神、劳动精神、工匠精神,传授科学文化与专业知识,培养技术技能,进行职业指导,全面提高受教育者的素质。"

劳模精神、劳动精神、工匠精神是以爱国主义为核心的民族精神和以改革创新为核心的时代精神的生动体现,是全面建设社会主义现代化国家新征程、向第二个百年奋斗目标进军的强大精神力量。劳模精神、劳动精神、工匠精神共同形成"三体一系"的精神系统。我们要正确理解三种精神的内涵,大力弘扬劳模精神、劳动精神和工匠精神,激励更多劳动者特别是青年一代走技能成才、技能报国之路。我们要培养更多高素质人才和大国工匠,为全面建设社会主义现代化国家提供有力的人才保障。

劳动精神是劳动者精神风貌的体现。随着时代的发展,劳动精神的内涵不断丰富,新时代劳动精神表现在尊重劳动、劳动平等、劳动创造、劳动幸福等方面。此外,遵守各项劳动纪律也是劳动精神的重要体现。为了提升劳动素养,要鼓励青少年学生向劳模学习,以劳模为榜样,把劳模精神、劳动精神,工匠精神作为自己勇往直前的精神力量,树立辛勤劳动、诚实劳动、创造性劳动的理念,通过校园生活和日常自我管理等多种渠道培养劳动素养,提升劳动能力。

劳动精神,作为中华民族的传统美德,是我们宝贵的精神财富。它蕴含着勤劳、创新、奋斗、奉献等多种品质,激励着一代又一代人勇往直前,为社会的进步和发展贡献自己的力量。

本项目将带你深入了解劳动精神的丰富内涵和历史传承,引导你认识劳动精神在当代社会的价值和意义,激发你对劳动的热爱和崇敬之情。通过学习,你将领悟到劳动不仅是一种生存的手段,更是一种生活态度和精神追求。

首先,在传承劳动精神的过程中,我们要认识到劳动的重要性。劳动创造了人类,也创造了世界,它是社会进步的源泉,是个人成长的基石。只有通过辛勤的劳动,我们才能获得真正的成就感和幸福感。因此,我们要树立正确的劳动观念,尊重劳动,崇尚劳动,以劳动为荣。

其次,我们要学习劳动模范和先进工作者的典型事迹。他们以自己的实际行动诠释了劳动精神的真谛,为我们树立了学习的榜样。通过学习他们的先进事迹,我们可以感受到劳动的力量和魅力,激发自己的奋斗精神和创新意识。我们要向这些劳动模范学习,将他们的精神内化为自己的行动准则,努力成为新时代的优秀劳动者。

再次,传承劳动精神也意味着我们要积极参与劳动实践活动。只有在实践中,我们才能真正体验到劳动的艰辛与乐趣，领悟到劳动精神的实质。通过参与各种劳动实践活动，我们可以锻炼自己的动手能力、团队协作能力和解决问题的能力，提升自己的综合素质和职业能力。这些经历将成为我们宝贵的财富，为我们未来的工作和生活奠定坚实的基础。

从次，传承劳动精神还要求我们要关注社会公益事业和集体利益。作为新时代的劳动者，我们要有强烈的社会责任感和集体荣誉感。我们要关注社会的发展和进步，积极参与志愿服务和公益活动，为社会做出自己的贡献。通过这样的行动，我们可以实现个人价值与社会价值的统一，体现出劳动精神的社会意义。

最后，值得一提的是，传承劳动精神是一个长期的过程，它需要我们不断地学习、实践、反思和提升。在学习过程中，我们要保持好奇心和求知欲，不断探索新的领域和知识；在实践过程中，我们要勇于挑战自己，不断超越自己的极限；在反思过程中，我们要总结经验教训，不断完善自己的行动策略；在提升过程中，我们要追求卓越和完美，努力实现自己的人生目标。

通过本项目的学习与实践，相信你一定能够深刻领悟到传承劳动精神的重要性和紧迫性。让我们共同努力，以实际行动践行劳动精神，为社会的进步和发展贡献自己的力量！

案例导入

赵传宏：小事做到极致，平凡铸就辉煌

赵传宏，1956年1月出生，高中学历，高级工职称，中国农业银行山东东阿县支行综合管理部原驾驶员，1995年被山东省人民政府授予"山东省劳动模范"称号，2005年被国务院授予"全国劳动模范"荣誉称号，2012年当选为中国农业银行60年人物。

在中国农业银行山东东阿县支行，记者见到了退休多年的赵传宏。因为对机械的喜爱，赵传宏一头扎进了汽车这行，不论是开车，还是修车、养车，但凡与车有关的事儿，他都要钻研钻研。他曾驾驶一辆北京吉普12年，安全行驶43万千米而未有大修记录。一起买的吉普，人家报废了三辆，他这辆车却又开了好几年，同行们都戏称他的车是辆"长寿车"。

其实哪儿有"长寿车"，一辆车开过三辆车都是得益于赵传宏日常细心到位的维护。通过不断的学习和实践，他逐渐摸索出一套全面、实用的汽车管、用、养、修技术，并养成了出门先弹尘、停车即擦拭、入库先检查、有故障立刻修的维护习惯。

赵传宏还记得有一次查库回来已到深夜12点多了，在车辆入库检查时，他发现发动机工作不正常。为了不耽误第二天的出车任务，他叫来另一位司机，一起修到凌晨3点多。

"财神爷掉进醋缸里，越浮（富）越寒酸。"这是看不惯赵传宏作风的人送给他的一句话。也就是他这个寒酸的"财神爷"，多年来刻苦钻研维修技术，小打小闹的故障他都能对付，有些简单零件要么找材料自制，要么用以前自己攒的旧零件加工改造再利用。经过赵师傅的精心维护，他开过的车小修自己修，大修很少有。汽修厂的老板们都说："要是所有的司机都像你这样，我们都得关门大吉喽！"就是这个被人笑话寒酸、让汽修厂"闲弃"的"车把式"，在农行工作二十多年来，累计为行里节约汽油10000多公升、汽车维修费9万余元。正因为有这样过硬的技术和良好的工作态度，很少进行维修报销的他，被同事称为"无票司机"。

赵传宏一直用"普通""平凡"来评价自己，但说到"全国劳动模范"时，他眼睛里闪出了光芒，"那是这辈子最激动的时刻"。不忘初心，方得始终。赵传宏始终用实际行动证明了一名党员、一名劳模的初心，在平凡的岗位上书写了不凡的人生故事。

任务一 劳动精神和劳动纪律

案例链接

2021年8月11日8点32分，小军到某公司上班，比正常上班时间迟到约1小时，但小军仍在考勤表上填写出勤时间为7点30分，即公司规定的上班时间。公司的《雇员手册》规定：经常迟到、早退或缺席等属于A类犯错，初犯者被发警告信，如在同一年度内累计超过3次警告会被即时辞退。虚报出勤的行为属于C类犯错，即时辞退。公司以小军虚报出勤违反《雇员手册》为由解除双方劳动合同，小军却认为自己属于A类犯错，不该被"炒鱿鱼"，公司违法解除劳动合同，应支付赔偿金。

分析： 劳动纪律是指人们在共同劳动过程中，为取得行动一致、保证生产（或工作）过程实现所必须遵守的行为准则。案例中公司制定的《雇员手册》属于劳动纪律范畴，内容及程序均合法，并已送达给员工，内容亦无违反法律禁止性规定，故用人单位及员工均应自觉遵守，并可作为法院裁判依据。小军当天迟到约1小时，本应如实陈述迟到原因，由公司依照规章制度处理，但其对迟到原因做虚假陈述，做出不诚信行为，其行为符合用人单位《雇员手册》规定的虚报出勤，故该公司据此解除小军劳动合同的行为正确，无须支付赔偿金。

思考： 你认为用人单位需要制定劳动纪律吗？对于小军"迟到"的过失升级为"虚报出勤"的严重犯错，你有什么感想？

> 知识学堂

劳动精神是每位劳动者在劳动过程中秉持的劳动态度、劳动理念及展现出的劳动精神风貌。在不同的社会形态下，由于对劳动的理解不同，劳动精神也有差异。在以马克思主义理论为指导，进行中国特色社会主义伟大实践的条件下，劳动者的劳动精神表现为"劳动光荣，劳动伟大"的劳动理念、"爱岗敬业，争创一流"的劳动态度、"淡泊名利，甘于奉献"的劳动品德、"艰苦奋斗，勇于创新"的劳动习惯。

一、新时代劳动精神的生成逻辑

中国广大劳动者经过革命、建设和改革时期的伟大实践，继承了中华优秀传统文化基因，孕育了中国特色社会主义劳动精神。随着时代的发展，中国特色社会主义劳动精神的内涵不断丰富，呈现了"尊重劳动，劳动平等"的价值导向性，倡导了"劳动创造"的实践创新性，强调了"劳动神圣，劳动光荣"的精神幸福性。新时代劳动精神作为劳动的精神产物，既体现了马克思主义理论的思想性，又体现了广大劳动者劳动的实践性，是理论与实践的统一；既体现与时俱进的时代性，又蕴含文化基因的传统性，是历史与现实的统一。

（一）马克思主义劳动价值论是新时代劳动精神生成的思想源泉

劳动价值论在马克思主义理论体系中处于基础地位，揭示了劳动的本质属性和劳动推动人类发展的重要作用。因此，马克思主义劳动价值论是劳动精神的理论源头。在中国社会主义革命、建设和改革实践中，中国共产党人以马克思主义劳动价值论为指导，结合中国发展的实际形成了中国化的马克思主义劳动思想。它继承和发展了马克思主义劳动价值论的精髓，对劳动及劳动者的地位和尊严给予了充分的肯定，为新时代劳动精神的形成发展注入了中国元素。

（二）广大劳动者的劳动实践是新时代劳动精神生成的实践基础

在中国社会主义革命、建设和改革中，广大劳动者奋勇拼搏、艰苦创业。这种强大的精神力量是新时代劳动精神生成的实践基础。

（三）中华优秀传统文化是劳动精神生成的文化基因

中华民族是以辛勤劳动而著称的民族，也正是凭借着劳动精神，我们书写了中华民族五千多年的辉煌历史，创造了光耀世界的中华文明。劳动精神与中华民族崇尚劳动的文化传统分不开，传承劳动精神需要我们将传统文化中的良性基因加以创新性变革。第一，勤劳是中华民族最基本、最突出的传统美德。中华民族之所以能在人类历史的长河中屹立不倒，创造出璀璨的民族文化和辉煌的民族历史，都要归功于劳动。第二，尊重劳动是中华优秀传统文化的重要思想。在中国传统文化中，"民惟邦本，本固邦宁""因民之所利而利之"等，均体现了以劳动人民强基固本的思想。第三，传统文化作品注重对劳动精神的人格化塑造。

（四）社会主义核心价值观是劳动精神生成的价值导向

劳动精神是社会主义核心价值观的应有之义，既包括对劳动价值的判断，也包括对劳动的态度，生动地诠释着社会主义核心价值观中蕴含的劳动内容。第一，劳动价值的回归与社会主义核心价值观的价值理念相吻合。中国梦的实现"根本上靠劳动，靠劳动者创造"。"富强、民主、文明、和谐"是社会主义核心价值观在国家层面的准则，与劳动精神的价值倡导高度一致。只有广大学生树立正确的劳动观念，积极参加劳动实践，才能确保"富强、民主、文明、和谐"的价值观念在中国大地落地生根。第二，劳动态度的培养与社会主义核心价值观的价值准则相契合。弘扬劳动精神有利于培养学生"爱岗敬业、争创一流、艰苦奋斗、勇于创新"的劳动态度，这与社会主义核心价值观在个人层面提倡的"爱国、敬业、诚信、友善"的价值准则高度契合。第三，劳动实践的锻炼与社会主义核心价值观的价值取向相融合。劳动实践中锻炼的岗位意识、职业精神、进取精神、拼搏精神、创新精神、家国情怀和奉献精神等，正是对社会主义核心价值观的生动呈现。

二、新时代劳动精神的核心内涵

新时代劳动精神有着丰富的内涵，不仅在内容上继承并发展了马克思主义劳动价值论和中华民族优秀的传统劳动观念，而且还彰显了"辛勤劳动、诚实劳动、创造性劳动"的新理念，倡导"劳动光荣、技能宝贵、创造伟大"的时代风尚，生成了一种"劳动者至上、劳动者平等、劳动者可敬、劳动最光荣、劳动最崇高、劳动最伟大、劳动最美丽"的劳动观。

（一）在劳动人格上倡导"尊重劳动"

"尊重劳动"是新时代劳动精神蕴含的核心要义。第一，尊重劳动是对每个人的道德要求。劳动不仅创造了世界和人本身，而且为推动社会进步提供了必备的物质基础，因此一切劳动都应当受到尊重。第二，尊重劳动者创造的价值。劳动者付出了劳动，为社会创造了物质和精神财富，有权利获得必要的回报，任何拖欠和克扣劳动者工资的行为都是剥削劳动者的行为，都是对劳动的不尊重。第三，维护劳动者的尊严。要合理安排劳动者的劳动时间，维护劳动者的合法权益，保障劳动者合法权益不受侵犯，创设更舒适安全的劳动环境，让劳动者心情舒畅，在工作中体会到劳动的快乐和收获的幸福。

（二）在劳动权利上倡导"劳动平等"

劳动是公民的基本权利，即任何劳动者在不影响他人的情况下都具有从事其想从事的劳动的权利，而劳动平等是维护劳动权利的基本条件和维护劳动尊严的基本保障。第一，强调人人享有平等的劳动机会，即所有的劳动者都能够有机会平等地参与劳动，从平等的机会中体现公平的劳动竞争，体现努力的劳动价值，体现对劳动的尊重。第二，反对一切劳动歧视与偏见。第三，强调人人都可以通过劳动做贡献。

（三）在劳动使命上倡导"劳动神圣"

劳动具有光荣和神圣的意义。第一，劳动是《宪法》赋予公民的不可剥夺的权利和义务。我国《宪法》规定："公民有劳动的权利和义务。"劳动一方面是公民依法"行使的权利"，另一方面也是公民依法"享受的利益"。第二，劳动是我们生存于世界的最为神圣的活动。每个公民通过行使劳动权利，为社会提供产品和服务，也从社会获取报酬，发展自我。第三，劳动果实是圣洁的。劳动果实是诚实劳动、精诚合作的劳动结晶。

（四）在劳动实践上倡导"劳动创造"

新时代科学技术迅猛发展，弘扬劳动精神更加注重培养学生的实践性和创新性。第一，培养服务至上的敬业精神。新时代弘扬劳动精神强调劳动的实践体验性，注重融入性和探究性，强调直接经验而不是间接经验，倾向于尝试、感悟和技能的建构，在劳动中有效提升学生的动手能力、沟通合作能力及解决实际问题的能力，培养学生的职业道德，使其养成专业、敬业的工匠精神。第二，培养精益求精的品质。新时代劳动精神的培养注重与技术相结合，以技术应用和技术创新为核心，紧跟现代技术的发展态势，在课程设计上既要充分考虑劳动教育中技术素养提升的内在序列，又要充分考虑不同学段学生技能培养的梯度结构，帮助每个学生建构符合其个性且适应未来发展需要的技术素养体系，进而引导学生在工作中养成认真严谨、精益求精的工匠精神。第三，培养追求卓越的创造精神。新时代劳动精神的培养与"创新驱动发展"的国家发展战略相结合，提倡"做中学""学中做"，注重创新意识的提升、创新思维的训练和创新能力的培养，鼓励学生不断追求卓越，进而在全社会弘扬"劳动光荣、技能宝贵、创造伟大"的劳动风尚。

（五）在劳动成就上倡导"劳动光荣"

在劳动成就上，新时代劳动精神倡导每个人通过自己的劳动，收获满足感、快乐感、尊严感，在创造丰富物质财富的同时，拥有丰盈的精神世界。就个人意义而言，一方面，个体可以通过劳动充分发挥自身的积极性和创造性，学会与人合作，追求个体幸福，享受劳动尊严；另一方面，通过劳动磨砺人的意志，培养勤俭节约、勤劳勇敢、艰苦奋斗、坚韧不拔的精神品质。就社会意义而言，劳动推动社会进步，让全社会的生活质量得以整体提升。人们通过劳动用自己的辛勤汗水为推动社会文明进步做出贡献，用自己的劳动成就书写平凡中的伟大，实现个人价值与社会价值的统一。

案例链接

谷祥峰：车厢处处是温暖

早上5点起床，5点20分坐交通车，7点20分跑第一趟车……只要当班，乌鲁木齐市公交珍宝巴士有限公司公交车司机谷祥峰就会准时驾驶着公交车，穿行于乌鲁木齐，无论寒暑从不缺席。

"我开公交车30年了，每天驾驶着公交车穿梭在城市的街道中，看着熟悉的乘客上上下下，早上送他们去上学、工作，晚上送他们平安回家，我觉得自己的工作非常有意义。"2020年11月24日，刚刚荣获"全国劳动模范"称号的谷祥峰笑着说道。

在乌鲁木齐西山塑料厂至大浦沟社区的70路公交线副线上，谷祥峰整整跑了10年。如今，他坚守的这条城郊公交线路由3.6千米延伸至6.7千米，一人一车变为两人两车，公交线路更名为2005路，他和徒弟亚生江·依明相向而行。熟悉的道路、熟悉的居民、熟悉的笑脸，谷祥峰带着徒弟在这条路上坚守，践行着一名共产党员的初心和使命。

谷祥峰每天十几个小时围着公交车转，一天的营运里程为216千米，一年下来就是7万多千米，相当于绕地球将近两圈，但无论驾驶的线路如何改变，他对公交事业、对岗位的热爱都从未改变。公交车驶入大浦沟社区、草原站这两个站点时，谷祥峰都会多停留一会儿，因为他知道草原站每天有七八个孩子要上学。"天冷，孩子们错过一班车就要等很久，我多等一会儿，路上加脚油，时间就赶回来了。"谷祥峰说。

沿路居民遇到难事，谷祥峰都会伸手帮一把，大浦沟社区的年轻人都把谷祥峰当榜样。在珍宝巴士公司及各级组织的支持和协助下，大浦沟社区的年轻居民亚生江·依明、热依木·芒苏尔等8人成了谷祥峰的徒弟。谷祥峰小时候就很向往当公交车司机，成为公交车司机后，他自知文化程度不高，要想干好自己喜爱的工作必须加倍努力。因此，他干好工作最有效的方法就是不怕苦，任劳任怨。功夫不负有心人，努力工作的谷祥峰先后获得了"全国民族团结进步模范个人""全国五一劳动奖章""全国热爱企业优秀员工"等荣誉。

三、新时代劳动精神的具体要求

勤劳勇敢、爱岗敬业、诚实守信的实干精神，是劳动精神的深刻内涵；锐意进取、建功立业、甘于奉献的奋斗精神，是劳动精神的更高体现；精益求精、执着专注、追求卓越的创新精神，是劳动精神的专业要求。劳动精神是所有劳动者的财富、动力、追求，是鼓舞劳动者、激励劳动者、鞭策劳动者的核心源泉。

劳动精神是为广大劳动群众在平凡岗位上创造不平凡业绩，提供强大精神动力的劳动态度、劳动习惯、劳动观念及其整体精神面貌，主要内容包括热爱劳动、开创未来、埋头苦干、默默奉献、坚定信心和保持干劲。

其中，热爱劳动是劳动精神的首要内容。埋头苦干的精神，在本质上也体现了精益求精的工匠精神、默默奉献的劳动精神，体现了广大劳动群众的崇高境界和伟大品格。

我们处在一个攻坚克难、砥砺前行、创造奇迹的美好时代，既需要更多敢立潮头的"弄潮儿"挺身而出，又需要千千万万的劳动者埋头苦干。

鲁迅先生说过，"我们自古以来，就有埋头苦干的人，有拼命硬干的人，有为民请命的人，有舍身求法的人，他们是民族的脊梁"。在这种"脊梁"中就有劳动精神的"养分"。

案例链接

用科技给快递插上"翅膀"

广州邮区中心局江高中心里一派繁忙景象。跟 6 个足球场一样大的生产车间里，双层包裹分拣机的传输皮带上载满了邮件。"晚上 10 点到凌晨 4 点，是接发邮件的高峰期，也是邮件处理中心最繁忙的时刻。"广州邮区中心局设备维护分局的汪磊说，无论何时何地，只要有技术问题，他都会带领团队第一时间解决。

2020 年是汪磊从事信息技术开发和管理工作的第 13 个年头。他带领技术团队先后完成 6 套信息管理系统的开发，并在邮政系统推广使用。在每年的旺季生产期间，他连续 10 多天每天工作 16 个小时以上，与技术团队挖掘设备潜力，提高设备效能，保障设备系统稳定运行。在他和团队的技术支撑下，2020 年春节旺季，广州邮区中心局每日包件分拣量超 320 万件，创下历史新高。

成功的背后是无数个不眠之夜。软件开发是脑力劳动，尤其是在写程序的过程中，思路不能被打断。晚上是汪磊工作效率最高的时候，很多核心的、关键的代码都是晚上开发出来的，很多想法、点子也是半夜想出来的。一年中，他有一半的时间都在加班。

在邮件快速处理的背后，汪磊和技术团队随时准备着，以应对各类突发情况，为生产作业平稳保驾护航。晚上 10 点后才是邮件处理的高峰期，半夜接到电话去处理故障和问题，对汪磊来说已经习以为常。"所有的问题到我这里只能解决，必须解决。"

2020 年 12 月，汪磊被评为广东省劳动模范。

汪磊身上展现出富有闯劲、干劲、钻劲的劳动精神，以及崇尚劳动、热爱劳动、辛勤劳动、诚实劳动的劳动精神。正是因为勇敢地闯、大胆地干、执着地钻，才让神州大地处处都有新变化、新气象。汪磊不愧为新时代的最强奋斗者！

思考： 作为新时代社会主义建设者和接班人，你认为自己应该具备哪些劳动精神？在校期间应该如何提高自己的劳动意识？

四、职校学生如何培育劳动精神

劳动精神的培育对职校学生正面劳动观念的形成、正向劳动情感的滋养、正义劳动品质的锻炼和正确劳动习惯的养成有着重要的作用，有利于促进职校学生全面发展。有些职校学生不是因为热爱劳动才选择接受职业教育的，而是把职业教育当作中考后的无奈选择，尚处于迷茫状态，这就更需要对其加强劳动精神的培育。

（一）以美好生活愿景激发对劳动的热爱

人生而为人，在于人可以发挥主观能动性来绘制自我发展的蓝图，并用自身的艰苦奋斗去满足自身的需求、实现自己的目标。奋斗的价值、自我的超越，是对美好生活的向往及努力，这是一种理想，也是一份责任。培育劳动精神，应以美好生活的愿景来激发对劳动的热爱，具体有以下两个方面。

1. 以个人理想梦激发对劳动的热爱

我们每个人都期盼能成长得更好、工作得更好、生活得更好，这些是我们的美好生活需要，也是我们理想的生活愿景。但是，理想不是空想，幸福不是坐享其成，要实现个人的价值，追求幸福的生活，必须发扬艰苦奋斗的新时代劳动精神。

2. 以国家富强梦、民族振兴梦激发对劳动的热爱

立足当代，我们都是国家富强梦、民族振兴梦的追梦者和圆梦人。新时代的发展舞台十分宽阔、前景十分光明，我们要以国家富强、人民幸福为己任，把自己的理想同国家的前途、民族的命运结合在一起，胸怀理想、志存高远，以国家富强梦、民族振兴梦激励自己积极投身中国特色社会主义伟大实践，并为之奋斗终身。

（二）以正向的劳动精神引领正确劳动观念的形成

当前社会存在着这样一些劳动者，他们急功近利，妄图通过拉关系、走捷径等方式获得快速成效而突破基本道德底线；他们抱怨社会不公，偏激地将自己劳而无功归因于缺乏"特权"而自甘平庸、堕落。这些错误的劳动价值观产生了十分消极的影响。因此，必须用正向的劳动精神引领正确劳动观念的形成。

一方面，要抵制急功近利的劳动价值观，培育常态化的奋斗精神；另一方面，要抵制

惰性和不作为，保持奋发有为的精神风貌。当今时代仍然是一个"爱拼才会赢"的时代，是一个属于真正奋斗者的时代。如果不想在这个百舸争流、千帆竞发的时代原地踏步，就必须同自身的惰性思维做斗争，不能沉迷于"伪奋斗"而不能自拔，而要勇做新时代的弄潮儿。

（三）以汲取劳模精神、工匠精神丰润劳动情感的培养

培育劳动精神需要营造一个学习劳模精神、工匠精神的良好环境，通过正面学习，耳濡目染地将劳动精神内化于心，外化于行。劳动模范人物是优秀劳动者的典型代表，他们都有着一种吃苦耐劳、进取创新、无私奉献的精神，是我们学习的榜样。

通过对劳模先进事迹的学习，我们不断汲取劳模精神、工匠精神的养料，更加自觉地接受"劳动光荣、技能宝贵、创造伟大"的时代风尚的洗礼，主动回应"人人皆可成才，人人尽展其才"的良好环境的呼唤，紧紧抓住人生出彩的机会，树立劳动意识，随时准备通过诚实劳动铸就生命里的辉煌。

（四）以丰富的实践活动助推劳动行为习惯的养成

新时代劳动精神的培育不是一句空洞的理论口号，不能"纸上谈兵"，止步于思想环节，而是要落实到具体的实践工作中。以丰富的实践活动助推劳动行为的养成，可以从以下两个层面进行：在学习上，注重实践锻炼，做到理论与实践相结合。一方面，可以通过读好"有字之书"，间接学习别人有益经验来磨炼意志、增长见识，从而培育劳动精神。另一方面，要身体力行，通过参加各种劳动实践培养吃苦耐劳的精神，通过理论与实践的紧密结合将劳动精神融入个人品格中。在生活中，要加强实战演练，养成勤劳自持的习惯。在学校学习阶段，我们需要走出"衣来伸手，饭来张口"的舒适圈，独立地解决自己的衣食住行问题，照顾好自己，帮助自己养成良好的劳动行为习惯。

案例链接

爱心冰柜

在炎炎夏日，一个个装满冷饮、雪糕、西瓜的冰柜悄然出现在许多城市的街头。冰柜上面赫然写着"免费"二字，里面的解暑食品是专为环卫工人、交警、快递员等在酷暑中仍坚持工作的劳动者准备的。

在杭州，已有数十台"爱心冰柜"分布在闹市街头。冰柜无人值守，取用全凭自觉。据报道，有两位刚运动完的少年打开冰柜中的矿泉水后才发现是给特定对象准备的，赶紧留下零钱；附近的阿姨经常过来帮忙整理冰柜；一位路过的大爷从自己买的苹果中挑了个大的放进去……炎炎烈日下，冰柜里的东西不仅没有"意外流失"，反而还增多了。还有一

封特殊的信，出自一位小朋友之手，信中写道："谢谢给爸爸送水的叔叔阿姨，是你们让这个夏天变得更加美好……"原来，他的爸爸是一位快递员。

思考：你能再讲几个尊重劳动、尊重劳动者的故事吗？

五、劳动精神的内涵与价值

劳动精神具有丰富的内涵，包括勤奋努力、敬业奉献、精益求精、开拓创新等方面。这些品质在劳动过程中相互交织、相互影响，共同构成了劳动精神的核心要义。

勤奋努力：勤奋是劳动精神的基础，它要求人们在面对困难和挑战时，始终保持积极向上的态度，通过不懈努力追求目标的实现。勤奋努力不仅体现在体力劳动上，更体现在脑力劳动中，是推动个人成长和社会进步的重要动力。

敬业奉献：敬业是对职业的热爱和尊重，它要求人们全身心投入到工作中，尽职尽责地完成每一项任务。敬业奉献不仅是对自己负责，更是对社会负责，是实现个人价值和社会价值的重要途径。

精益求精：精益求精是一种追求卓越的品质，它要求人们在工作中不断追求卓越，提高技能水平，力求做到最好。精益求精不仅是对工作质量的追求，更是对个人能力提升的追求，是推动行业进步和社会发展的重要力量。

开拓创新：开拓创新是劳动精神的时代特征，它要求人们勇于尝试新事物，敢于挑战传统观念，通过创新推动社会进步。开拓创新不仅是对个人能力的挑战，更是对时代发展的回应，是实现民族振兴和社会繁荣的重要保障。

劳动精神的价值在于它能够激发人们的积极性和创造力，推动个人成长和社会进步。一个拥有劳动精神的人，能够在面对困难和挑战时保持坚定的信念和昂扬的斗志，通过不断努力实现自己的目标和梦想。一个拥有劳动精神的社会，能够形成积极向上的社会氛围，激发全社会的创造力和活力，推动社会持续健康发展。

六、传承劳动精神的途径与方法

传承劳动精神需要全社会的共同努力，特别是教育系统的积极参与。以下是传承劳动精神的途径与方法：

加强劳动教育：学校应将劳动教育纳入课程体系，通过课堂教学、实践活动等方式培养学生的劳动观念和劳动技能。同时，家庭和社会也应积极参与劳动教育，形成学校、家庭、社会三位一体的教育格局。

弘扬劳模精神：劳动模范是劳动精神的杰出代表，他们的事迹和精神是激励人们奋发向上的重要力量。社会各界应通过广泛宣传劳模事迹、组织劳模进校园等活动，让更多人了解和学习劳模精神。

开展劳动实践活动：实践是检验真理的唯一标准，也是培养劳动精神的重要途径。学校和社会应为学生提供丰富的劳动实践机会，如志愿服务、社会调研、生产实习等，让学生在实践中体验劳动的艰辛与快乐，培养劳动精神。

营造良好的社会氛围：社会氛围对劳动精神的培养具有重要影响。政府和社会各界应共同努力，营造尊重劳动、尊重劳动者的社会氛围，让劳动精神在新时代焕发出更加璀璨的光芒。

七、新时代背景下的劳动精神传承

在新时代背景下，传承劳动精神面临着新的机遇和挑战。随着科技的快速发展和产业结构的转型升级，劳动形式和内容发生了深刻变化，对劳动者的素质和能力提出了更高要求。因此，新时代背景下的劳动精神传承应注重以下几个方面：

培养创新意识：创新是新时代发展的重要动力，也是劳动精神的重要组成部分。在传承劳动精神的过程中，应注重培养人们的创新意识和创新能力，鼓励人们勇于尝试新事物、新方法，推动社会不断进步。

强化技能提升：技能是劳动的基础和保障，也是提升劳动者竞争力的重要途径。在传承劳动精神的过程中，应注重提升人们的技能水平，通过职业教育、技能培训等方式提高劳动者的专业素养和实践能力。

倡导绿色发展理念：绿色发展是新时代的重要理念之一，也是劳动精神的重要体现。在传承劳动精神的过程中，应注重培养人们的环保意识和可持续发展观念，倡导绿色生产、绿色消费等行为方式，推动经济社会与环境的协调发展。

弘扬工匠精神：工匠精神是一种追求卓越、精益求精的职业精神，也是新时代背景下劳动精神的重要体现。在传承劳动精神的过程中，应注重弘扬工匠精神，培养人们对工作的热爱和专注度及追求卓越的品质和精神风貌。

劳动精神是人类社会的宝贵财富，是推动个人成长和社会进步的重要力量。在新时代背景下，传承和弘扬劳动精神具有重要意义。通过加强劳动教育、弘扬劳模精神、开展劳动实践活动及营造良好的社会氛围等途径和方法，可以有效地传承和弘扬劳动精神。同时，我们还应注重培养创新意识、强化技能提升、倡导绿色发展理念及弘扬工匠精神等方面的工作，以适应新时代的发展需求。展望未来，我们相信在全社会的共同努力下，劳动精神将在新时代焕发出更加璀璨的光芒，为推动个人成长和社会进步发挥更加重要的作用。

八、劳动纪律的重要性

（一）劳动纪律的概念

劳动纪律又称职业纪律或职业规则，是指人们在共同劳动过程中，为取得行动一致、保证生产（或工作）过程实现所必须遵守的行为准则。劳动纪律是人们从事社会劳动的必要条件，根据劳动纪律的要求，劳动者必须按照规定的时间、质量、程序和方法完成自己承担的生产和工作任务。

人们从事社会劳动，不论在任何生产方式下，只要进行共同劳动，就必须有劳动纪律。否则，集体生产便无法进行。马克思曾说过，"一个单独的提琴手是自己指挥自己，一个乐队就需要一个乐队指挥"。在共同劳动中，劳动纪律就是"乐队指挥"，每位劳动者必须遵守劳动纪律。

（二）劳动纪律和职业道德的关系

职业道德是从业者在职业活动中应该遵循的符合自身职业特点的行为规范。劳动纪律与职业道德既有联系又有区别，二者相辅相成、关系密切，在社会主义建设中都是不可或缺的。劳动纪律和职业道德对于加强社会主义现代化建设、提高生产效率、建设社会主义精神文明，都起着十分重要的作用。劳动纪律和职业道德的区别主要在于以下几点。

1. **性质不同**

劳动纪律属于法律关系范畴，是一种义务；职业道德属于思想意识范畴，是一种自律信条。

2. **直接目的不同**

劳动纪律的直接目的是保证劳动者劳动义务的实现，保证劳动者能按时、按质、按量完成自己的本职工作；而职业道德的直接目的是企业实现最佳的经济效益及保障其他劳动者的合法权益。

3. **实现的手段不同**

为了保证劳动纪律的实现，法律法规制定了奖惩制度，以激励和惩戒相结合的方式促使人们遵守劳动纪律；而职业道德的实现，则主要依靠人们的自觉遵守，依靠社会舆论、社会习俗及人们的内心信念。

（三）劳动纪律的主要内容

劳动纪律是用人单位为了形成和维持生产经营秩序，保证劳动合同得以履行而要求全体员工在集体劳动、工作、生活过程中，以及与劳动、工作紧密相关的其他过程中必须共同遵守的规则。从其内涵可知，劳动纪律的目的是保证生产、工作的正常运行；劳动纪律的本质是全体员工共同遵守的规则；劳动纪律的作用实施于集体生产、工作、生活的过程之中。

劳动纪律大致包括以下内容：

（1）严格履行劳动合同及违约应承担的责任（履约纪律）。

（2）按照规定的时间、地点到达工作岗位，按要求请休事假、病假、年休假、探亲假等（考勤纪律）。

（3）根据生产、工作岗位职责及规则，按质、按量完成工作任务（生产、工作纪律）。

（4）严格遵守技术操作规程和安全卫生规程（安全卫生纪律）。

（5）节约原材料，爱护用人单位的财产和物品（日常工作生活纪律）。

（6）保守用人单位的商业秘密和技术秘密（保密纪律）。

（7）遵纪奖励与违纪惩罚规则（奖惩制度）。

（8）与劳动、工作紧密相关的规章制度及其他规则（其他纪律）。

案例链接

全国劳动模范：赵梦桃

"高标准、严要求，行动快、工作实，抢困难、送方便"，这就是多年来激励一代又一代纺织工人的"梦桃精神"。

1951年，16岁的赵梦桃进入陕西西北国棉一厂。1952年5月，在学习"郝建秀工作法"的活动中，赵梦桃以最优异的成绩第一个戴上了"郝建秀红围腰"。在挡车时，别人巡回一次需要3~5分钟，可她只用2分50秒。她进厂不到两年，就创造了千锭小时断头只有55根、皮辊花率1.89%的好成绩，她第一个响应厂党委"扩台扩锭"的号召，看车能力从200锭扩大到600锭，生产效率大大提高。

赵梦桃提出了一个响亮的口号："不让一个伙伴掉队！"在她的影响下，"人人当先进，个个争劳模"蔚然成风。从1952年到1959年的7年中，她创造了月月完成国家计划的先进纪录，还帮助12名工友成为企业的先进工作者。1959年，她和她的"赵梦桃小组"一起出席了全国群英会，成为纺织战线的一面旗帜。1963年，赵梦桃又创造了一套先进的清洁检查操作法，这套操作法在陕西省全面推广。同年，这位全国劳动模范因病逝世，年仅28岁。

"赵梦桃小组"这面旗帜至今仍放射着耀眼的光芒。1980年，这个小组被国家经委授予"全国优秀质量管理小组"称号。

分析： 16岁进厂工作，与我们大多数同学的年龄相仿。然而，28年的人生是极其短暂的，一个短暂的生命却成就了、激励了一代又一代人的"梦桃精神"。

劳动任务清单（十二）

安全意识

安全生产社会调查

2021年1月10日13时13分许，山东五彩龙投资有限公司栖霞市笏山金矿发生爆炸事故，造成11人死亡，直接经济损失6847.33万元。发生原因是，笏山金矿井下违规混存炸药、雷管，井口实施罐笼气割作业产生的高温熔渣块掉入回风井，碰撞井筒设施，弹落到一中段马头门内乱堆乱放的炸药包装纸箱上，引起纸箱等可燃物燃烧，导致雷管、导爆索和炸药爆炸。

主要教训：一是井下违规混存炸药、雷管。山东五彩龙投资有限公司长期违规购买民用爆炸物品，违规在井下设置爆炸物品储存场所，且炸药、雷管和易燃物品混合存放。二是违规进行气焊切割作业。进行气焊切割作业时未确认作业环境及周边安全条件，井筒提升与井口气焊违规同时作业。三是安全管理混乱。笏山金矿对施工单位的施工情况尤其是民用爆炸物品储存、领用、搬运及爆破作业情况管理缺失，对外包施工队以包代管，只包不管，未按照规定报告生产安全事故；施工单位未按规定配备专职安全管理人员和技术人员，作业人员使用伪造的特种作业操作证；事故发生当日井下作业现场没有工程监理。四是地方党委政府履行安全生产领导责任不力。未认真督促相关部门依法履行民用爆炸物品、非煤矿山安全生产监督管理相关职责，栖霞市党委政府对事故迟报瞒报，地方有关部门监管责任未有效落实。

试一试：

1. 思考这次事故的教训和警示，并分组汇报展示。
2. 查阅相关安全生产事故发生的原因。

劳动任务清单

任务名称	安全生产社会调查	学生姓名	
劳动时间		劳动地点	
劳动成果展示			
（图文混合展示）			
劳动体悟与反思			

劳动体悟：

劳动经验：

自我评价：

续表

知识掌握清单				
评价要点: 1. 了解安全生产社会调查的主要内容; 2. 了解不同城市的安全生产社会调查方式。				
评价				
不合格	合格		良	优
练习和观察清单				
评价要点: 1. 成功掌握安全生产社会调查方法; 2. 能简要记录安全生产社会调查的过程状态。				
评价				
不合格	合格		良	优
鉴定结果	合格□		不合格□	

给学生的反馈：

如果不合格，需要重新鉴定的说明：

鉴定教师签字： 　　　　日期：

任务二　工匠精神和技能成才

案例链接

不忘技能初心，积极创新钻研

在第 45 届世界技能大赛先进事迹报告会上，来自中国建筑第五工程局高级技工学校的技能专家组组长雷定鸣和山西省天镇县的高技能人才张扩忠，通过分享各自的工作、人生经历，阐释了"技能成就梦想，技能成就人生"的技能风尚。

雷定鸣曾担任第 44 届和第 45 届世界技能大赛砌筑项目专家组组长，是名副其实的"金牌专家"。他说："要想在世界技能大赛的舞台上获得好成绩，关键在于项目团队要不断创新钻研。"与刻苦训练的世界技能大赛的选手不同，专家的任务在于"对症下药"，根据每位选手能力、素质的不同采取不同的训练方法，他们的目标是相同的：让选手的能力更强，为了金牌而冲刺。为了提高集训选手作品的精度，雷定鸣的团队不断地进行自主创新，研制和改进了集训需要使用的大小工具，其中皮数杆是典型的代表。为了提高砌筑的精度，皮数杆经历了三代更新，曾帮助三届世界技能大赛的选手取得好成绩。现在，雷定鸣团队研制的皮数杆已经成为全国多个省市选手使用的工具，甚至被上海世界技能大赛博物馆收藏。

山西省天镇县的高技能人才张扩忠身为一位农民工，其吃苦耐劳的本色、不甘人后的执着、对美好未来的追求一直激励着他不断进步。他积极参与建筑工程技术创新，致力于提高民企建筑领域科研水平和技术含量。近年来，他获得国家发明专利 14 项，众多科研成果在市场上广泛应用，较好地支撑了民企建筑的健康发展。从创业创新中，张扩忠获得了许多精神力量，激励着他不断向前。

"农民工辛苦，农民工劳累，但我从来不后悔。这几年，我虽然脱贫致富了，但是更深深感到知识和技能的重要性。"张扩忠说。为了提高广大农民工的素质，培养农民工的就业本领，近年来，张扩忠所在的企业办起了农民工培训学校，促进农民工从"三无"——无文凭、无技能、无保障，向"三有"——有文凭、有技能、有保障转变，保证了他们在毕业之后能有可靠稳定的收入来源，实现脱贫致富。他说，他始终不忘自己是一个农民工。"捧着一颗心来，不带半根草去"，保持农民工本色，坚持奉献，终身服务社会，是他永远不变的初心。"未来，我要充分发挥农民工群体的积极作用，让更多人更好地掌握技能。"

分析： 当前，我国正处在由第一个百年奋斗目标向第二个百年奋斗目标迈进的重要节点，经济保持长期向好势头，同时也面临诸多矛盾叠加、各种风险隐患交汇的挑战，实体经济发展面临多重困难。实体经济是我国发展的根基，要不断提高质量、效益和竞争力。《中国制造2025》提出中国要从制造业大国向制造业强国转变，生产优质的产品，打造"中国品牌"。

不论是实体经济的振兴，还是《中国制造2025》战略目标的实现，都需要培育精益求精的"匠人文化"。我们要提升个人素养，练就扎实的专业技能，把自己练就为"下得去、留得住、用得上"的高素质劳动者。

思考： 看完雷定鸣和张扩忠通过工作和人生经历诠释技能风尚的故事，请谈谈你了解的技能成才路径，以及技能成才需要具备的条件。

知识学堂

一、工匠精神的概念

工匠精神是一种职业精神，它是职业道德、职业能力、职业品质的体现，是从业者的一种职业价值取向和行为表现；它是一种在设计上追求独具匠心、质量上追求精益求精、技艺上追求尽善尽美、服务上追求用户至上的精神。

工匠精神是指不仅要具有高超的技艺和精湛的技能，而且要具备严谨细致、专注执着、精益求精、淡泊名利、敬业守信、勇于创新的工作态度，以及对职业的认同感、责任感、使命感、自豪感等可贵品质。

二、新时代工匠精神的内涵

新时代的中国工匠精神，既是对中国传统工匠精神的继承和发扬，又是对外国工匠精神的学习借鉴；既是为适应我国现代化强国建设需要而产生，又是劳动精神在新时代的一种新的实现形式。它与劳模精神、劳动精神构成一个完整的体系，成为激励广大劳动者实现中华民族伟大复兴的中国梦的强大精神力量。

新时代工匠精神具有爱岗敬业的职业精神、精益求精的品质精神、坚定执着的专注精神和团结协作的合作精神等内涵。

（一）爱岗敬业的职业精神

爱岗敬业是从业者基于对职业的崇敬和热爱而产生的一种全身心投入的认真、尽职的职业精神状态。爱岗是敬业的基础，而敬业是爱岗的升华。"爱岗"就是干一行爱一行，热爱本职工作，不见异思迁，不被高薪及利益所诱，淡泊名利，坚守初心。"敬业"就是要钻一行、精一行，对待工作勤勤恳恳、兢兢业业、一丝不苟、认真负责。

（二）精益求精的品质精神

精益求精是从业者对每件产品，每道工序都凝心聚力，追求极致的职业品质。所谓精益求精，是指无论产品大与小，都不满足于现有标准和成就，还要求进一步提升质量，投入时间和精力反复改进产品，努力把产品的品质从99%提升到99.9999%，以期达到尽善尽美。

案例链接

新时代中国工匠精神代表人物——胡双钱

新时代中国工匠精神的代表人物胡双钱，是中国商飞上海飞机制造有限公司（以下简称上飞公司）数控机加车间钳工组组长。他技校毕业后进入上飞公司，在大型客机这个处于现代工业体系顶端的产业里，他的工作就是对飞机重要的零件进行最后的细微调整：打磨、钻孔、抛光，将精度做到精密机床也无法达到的设计标准。一架飞机有数百万个零件，当它们组合到一起时，飞机就有了生命。而只要其中的一个零件出了哪怕是一丝丝差错，就有可能付出生命的代价。为此，"我每天睡前都喜欢'放电影'，想想今天做了什么，有没有做好，能不能做到更好"。这是胡双钱对自己三十多年工作心得的简单总结。但在这个"简单"的背后，是他自己构建的一道道确保零件质量万无一失的"防火墙"：不管在他看来是多么简单的一个加工，都要在干活前看遍图纸，吃透零件安装到飞机上所起的作用；在接收待加工的零件时，必定对照图纸要求，检查上一道工序是否符合技术标准和工艺规范；自己加工时，从画线开始，均采用自创的"对比复查""反向验证"法校验自己的工艺步骤是否规范、标准、精确。航空工业要的就是精细活。大飞机零件加工的精度，要求达到十分之一毫米级。胡双钱就是靠着他所总结的最"简单"的心得，在三十多年的钳工生涯中竟然没有出过一个次品，经他的手制造出来的精密零件被安装在近千架飞机上，飞往世界各地。一个个生冷、坚硬的金属零件，就是这样被他赋予了生命和灵魂。

思考： 你认为自己在学习和实践中应该通过哪些措施养成精益求精的精神？

（三）坚定执着的专注精神

专注精神就是内心笃定而着眼于细节的耐心、执着、坚持的精神，这是所有大国工匠所必须具备的精神特质。

（四）团结协作的合作精神

当今时代，任何一项技术，任何一个工艺，可能都只是复杂技术链条上的一个环节。

个体即使本领再大、智商再高，也不可能完成所有的技术工序，这需要多部门、多环节团结协作共同完成。现代技术越来越复杂，其开发难度也越来越大，单凭一个人的力量难以完成，需要团队合作，充分利用各方优势，以集体的力量来攻坚克难，实现技术目标。因此，团结协作的合作精神是当前劳动者必备的精神素养。

三、当代工匠的职业价值

（一）手工技艺依然无法被取代

传统工匠主要依赖手工技艺进行器物的制作，其特点主要体现在两个方面：一是速度慢、周期长、标准不规范、生产效率低；二是作品能够体现制作者的个性特征，制作者按照需求进行个性化制作，每件作品都是独一无二的。正是上述两个方面的特点，决定了手工技艺在当代科技水平已经非常高的今天，依然无法被取代。所以，当代工匠中的手工艺人，既要得到传统工匠的"风骨"真传，又要具备当代科技文化的极高素养。他们是相关产业的人才支柱和相关产业发展的技术基石。

（二）现代企业中的"三驾马车"之一

通常，管理人员、科技人员、技能人员被视为现代企业的"三驾马车"。现代企业中的技能人员较之传统工匠发生了很大的改变，虽然他们不能自主地决定产品的生产方式和技术规范，但他们对规范和标准的领会程度及操控机器设备的能力依然决定着产品质量的优劣。

（三）当代科技创新的最终实现者

人类第一次工业革命发生前，工匠的技艺水平往往代表着时代的科技水平。从石器时代、青铜时代、铁器时代到蒸汽时代，催生这种革命的都是以工匠为主导的科技发现和技艺改良。第一次工业革命后，科学家作为一个群体迅速崛起，将人类社会带向了电气时代、信息时代。这期间工匠虽不再作为科技创新的主力军，但依然是所有科技创新的最后实现者。其中原因非常简单，越是尖端前沿的科技构想，越是需要杰出的工匠将之打造为实物。如果没有大批杰出工匠的创造性劳动，人类的一切奇思妙想都将是空中楼阁。

四、新时代弘扬工匠精神的现实意义

在新时代提倡工匠精神，不仅具有强烈的时代意义，而且也有其深刻的历史必然性。

（一）造就一支宏大的产业工人队伍，满足我国建设现代化强国目标的需要

党的十八大提出了实现"两个一百年"奋斗目标，要实现这一目标，必须推动我国由

制造大国向制造强国的转变，实现从中国制造到中国创造的跨越。而要完成这一目标，急需造就一支有理想守信念、懂技术会创新、敢担当讲奉献的宏大的产业工人队伍；而要切实推进产业工人队伍建设改革，必须大力弘扬工匠精神。

（二）适应国际竞争的需要，推动中国制造走出去

近年来，许多国家提出了各种具有前瞻性的发展战略，我们必须加快经济发展方式转型和产业结构升级，这样才能在激烈的国际竞争中站稳脚跟，才能推动我国企业走出去。因此，大力弘扬工匠精神，培育出大批大国工匠，全面提升职工素质，已成为当务之急。

（三）满足个性化、定制化生产的需要

当前，我国正经历着从工业化向信息化时代的转变。飞速发展的互联网、大数据、物联网、人工智能技术正改变着人们的生产方式和生活方式。与千篇一律的工业化生产不同的是，如何满足消费者个性化和定制化需求，已经成为企业竞争的新焦点。因此，随着信息化时代的到来，重提工匠精神，也就具有了某种历史必然性。

案例链接

由一名普通工人成为技术发明家

李超，鞍钢股份公司冷轧厂4号线设备作业区作业长，鞍山钢铁集团公司特级技师，鞍钢技术专家，长期从事生产一线的设备改造、设备保障及研发工作。他充分发挥自己在机械方面的技术特长，紧跟鞍钢技改和调品步伐，通过发明创新解决各种设备和技术难题，为企业产品升级、技术进步做出了突出贡献，给身边的同事起到了榜样示范作用。

刚进厂时，李超文凭不高，仅是初中技校毕业。在8年的时间里，几乎所有的业余时间他都在补习初中课程、上夜大，最终取得冶金机械专业中专文凭。参加工作以来，李超先后解决生产难题260多项，获得国家科技进步奖二等奖1项，国际、国家发明展览会金奖2项，辽宁省及鞍山市自然科学学术成果奖各1项，国家发明专利7项，专有技术4项。他的65项成果获鞍钢集团及厂以上奖励，创造经济效益1.5亿元，他被鞍钢股份公司聘任为特级技师。在第八届中国发明创业奖评选中，他被授予发明创业奖的"当代发明家"称号。他曾荣获全国劳动模范、全国优秀共产党员、全国"时代楷模"、全国"五一劳动奖章"、辽宁"时代楷模"、辽宁"五一劳动奖章"、鞍山市劳动模范、鞍钢集团劳动模范、鞍钢集团十大杰出青年及鞍钢集团青工技能大赛状元等20多项荣誉称号。

思考： 结合自己的专业和未来可能从事的工作，你认为该如何提升自己的劳动素养？

五、技能竞赛引领技能成才

（一）技能竞赛技能成才的平台

我国改革开放后，全国性技能竞赛可追溯至 2004 年全国第一届数控大赛。从此，我国技能竞赛从无到有，从小到大，覆盖各行业、领域，整体社会效应不断凸显，社会关注和参与度不断提升。

目前，我国技能竞赛已经成为展示职业院校师生风采和改革创新成果的重要窗口，成为推进产教融合、校企合作和人才培养模式改革的重要手段，成为扩大社会影响和促进国际合作的重要平台。特别重要的是，技能竞赛已成为广大职业院校学生和立志报国青年的技能成才之路。

由于技能竞赛的赛题设计多来自企业的生产实际，且以行业企业的技术标准和操作规程为依据，反映了行业的最新技术和企业的用人要求，因此，在赛场上经常出现企业高薪围抢大赛获奖选手的现象。这说明技能竞赛越来越贴近市场，贴近企业和前沿技术，社会对技能竞赛的认同感逐步提高，越来越多的行业或企业把人才需求的目光投向了技能竞赛。技能竞赛成了促进校企深度融合的纽带和引领职业教育改革发展的风向标。

（二）走向世界，铸造辉煌

改革开放以来，我国经济发展取得了举世瞩目的伟大成就。我国已成为一个制造大国，但还没有成为制造强国，其中一个非常重要的制约因素就是技能人才的匮乏，特别是高技能人才的匮乏。为此，中央政府和各地方政府采取了一系列举措，意在从根本上夯实中国制造的根基，培养大批具有现代科技意识的大国工匠，让中国技能能够伴随中国制造走向世界，使中国成为一个技能强国。

2010 年我国正式加入世界技能组织，2011 年我国在第 41 届世界技能大赛上首次参赛即实现了奖牌零的突破，标志着中国技能正式登上世界舞台。从 2013 年到 2019 年，我国都取得了优异成绩，2019 年更是位列金牌榜、奖牌榜、团体总分第一名。

2021 年，我国在上海承办第 46 届世界技能大赛。作为世界第二大经济体和重要的发展中国家，中国的国际地位日益提高。中国积极参与世界技能大赛等活动有利于深化中国与世界各国和地区在职业技能领域的交流合作，促进提高中国职业教育培训水平；有利于大力弘扬精益求精的工匠精神，营造尊重劳动、崇尚技能的社会氛围；有利于展示中国经济社会发展成就，提升我国影响力。

六、工匠成长之路

我们学习、弘扬工匠精神，走工匠成长之路，就应该在理论上学习工匠精神，在情感上认同并树立工匠精神，在意志中坚定培育工匠精神，在行动中努力践行工匠精神。

（一）提高对工匠精神的认知

职校学生应提高对工匠精神、培育工匠精神意义的认识，培育良好的职业思维、职业态度和职业操守，树立正确的世界观、价值观、人生观。其具体包括以下两方面。

（1）认真学习，提高认识。通过调查、观看、读书，走近工匠，增强对工匠精神的理解；学习爱岗敬业等职业道德规范、安全生产操作规范，树立责任意识、纪律意识、安全意识。

（2）积极参加讨论。对学习生活中存在的与工匠精神相悖的陋习进行分析、讨论，认识培育工匠精神对个体成长、国家发展及对实现"中华梦"的深远意义，从而增强培育工匠精神的主动性与自觉性。

（二）升华新时代工匠精神的情感体验

积极参加各种丰富的体验活动，通过活动获得成就感；学会发现、欣赏、创造生活、学业、职业之美，分享、领略其中的愉快情绪，并将其逐步升华为敬业、乐业、勤业的情感；积极参加有关"向工匠学习"的主题教育活动，在情感上认同并树立工匠精神。

（三）磨炼坚强的意志

工匠精神的培育不是一蹴而就、一朝一夕和一帆风顺的，要使工匠精神成为一种稳固的品质，需要个体自觉接受磨炼，不断内化。因此，我们要不断发现自身与社会需求、与他人的差距与不足，增强危机与忧患意识，激发培育工匠精神的内在动力；要明确职业目标，规划学业和职业生涯，并对照目标坚持自我评价、自我反思、自我教育，形成"自省""自克"的良好习惯；要学会以正确的世界观、人生观和科学的方法论应对困难与挫折，勇于、敢于、善于直面各种挑战和考验；要善于利用学习生活中的多个环节养成坚强的意志，"坚持做一件有意义的事""坚决改正一个坏习惯"；要提高自制力，培养持之以恒、坚持不懈的品质。

（四）践行工匠精神

工匠精神渗透在我们学习生活的全过程中，我们要在实习、实训中努力践行工匠精神，在真实情境中培养追求卓越、认真刻苦、爱岗敬业的精神，形成稳定的职业价值观，习得"工匠精神"。

首先，在检查仪器、计算数据、使用工具、制作产品、提供服务等方面严格执行标准，摒弃满足于90%、"差不多就行了"的想法，在身临其境中、在耳濡目染中努力培养吃苦耐劳、注重细节、敢于创新、独立自主的工匠精神。

其次，积极参加各种技能竞赛，参与竞争、善于竞争，在竞争中获得成就感，增强岗位责任感，培养敬业精神。

最后，积极参加校企合作与企业实习，认真向企业导师学习，加深对企业文化的了解，感悟企业技术工匠的内在品质；培养团结协作、吃苦耐劳的精神；在实训中与小组成员合作，相互帮助，共同提高。

对于职校学生的工匠精神，可以通过表 4-1 的几项指标考查，学生可以自行对照，不断提高。

表 4-1 学生工匠精神培养指标

分类	素质层级		指标提取
显性素质	知识技能		所学专业或学科的技能知识
	行为习惯		自觉遵守操作规程；踏实勤练，不浮不躁，不投机取巧；精益求精，不打折扣，不急功近利；坚持写好学习和实训日志，及时总结和反思；思维活跃，主动创新；在团队中主动沟通合作
隐性素质	价值观		对职业的敬畏与热爱；有责任担当意识；个人价值与社会价值的一致
	自我认知		自尊；自爱；自信；乐观
	特质	个性品质	遵守规则；守时守约；诚实守信；责任心强；严谨；一丝不苟；求真务实；有毅力、有恒心，坚忍执着；谦恭自省；开放包容；彰显个性；善于沟通合作，具有团队精神
		素质	艺术感受力强，细腻；艺术表达欲望强烈；趣味高雅；有一定的人文底蕴；注重文化传承
		工艺追求	符合技术标准规范；精益求精，追求卓越；善于发现问题，解决问题；有原创意识，敢于挑战与创新
	动机		对所学专业领域和技艺表现出兴趣和热情；享受作品、产品不断完善的过程；追求"尽善尽美"的境界；对未来相关领域职业成功和成就的渴求

案例链接

技能成才之路

杨珍明是唐山工业职业技术学院机械工程系教师，从事数控实训教学、数控产品加工和设备管理工作。2004 年，当时还是唐山工业职业技术学院学生的他，在首届全国数控技能大赛上以河北省第一名的成绩入围全国决赛，在当时学校只引进硕士研究生的情况下，杨珍明破格留校，成为实习工厂的一名普通教师。工作以来，杨珍明先后获得"全国技术能手""全国五一劳动奖章""全国先进工作者""河北省优秀指导教师""河北省技术能手""河北省五一劳动奖章""河北省突出贡献技师"等多项荣誉称号，自 2017 年起享受国务院政府特殊津贴……

杨珍明虚心学习、刻苦钻研，目前已经取得了加工中心操作工和数控机床装调维修工两个工种高级技师的职业资格，成为行业内公认的拔尖人才。作为青年教师，他多次代表学校参加各级各类技能大赛，并屡获奖项。从 2014 年起，杨珍明在学校组织设立"数控机床维修"技能大赛小组，他率领的参赛队每年都有出色成绩。2018 年他指导的参赛队获得全国一等奖，他也成为名副其实的"金牌教练"。

职业院校教师大都是兼具理论知识与实践技能的"双师型"人才，杨珍明还是一位身兼高级讲师与高级技师的"双高"教师。他用满腔热情和坚定执着的工匠精神面貌，言传身教、教书育人、传艺带徒，每年都为唐山市高技能人才精英培训班培训学员，其中多人被选入唐山市高技能人才库。

分析：专心致志、一丝不苟地将一件事做到极致，除了要有坚韧不拔、持之以恒的精神，还要始终保持一颗平常心，这就是工匠精神的体现。在这个喧嚣的时代，工匠精神更显得弥足珍贵。

劳动任务清单（十三）

弘扬传统美德

让"光盘行动"从我做起、从点滴做起

餐桌文明是社会文明的重要体现。小餐桌，大文明，餐桌承载的不仅是人类的生生不息，更是中华民族的优秀传统文化和尊重劳动、珍惜粮食、勤俭节约的传统美德。一粥一饭，当思来之不易；半丝半缕，恒念物力维艰。遏制餐桌上的浪费，是一场人人都需要参与的持久行动。就"光盘行动"而言，不仅能体现一种尊重劳动、珍惜粮食、勤俭节约的传统美德，更能彰显一个人的文明素养，组合起来就是一个社会的文明指数，一个民族的文明高度。

十粒汗换不来一粒粮食，粮食是宝中之宝，一个人节约一粒米，凝聚起来的就是成千上万，就是"粮食的汪洋大海"……句句富含深意的话，告诉我们要珍惜粮食、拒绝浪费。艰苦奋斗、勤俭节约是中华民族的传统美德，是我们党的优良作风。我们要制止餐饮浪费行为，危机意识始终不能丢。

如今，倡导文明餐桌，践行"光盘行动""合理点餐""不剩菜不剩饭"已逐渐成为群众的广泛共识，不少餐厅也通过设置提示标语、服务员主动引导等方式提醒消费者理性消费、节约粮食，节俭风尚已融入市民的日常生活。把"光盘行动"进行到底，坚决制止餐饮浪费行为，不仅能传承传统美德，更有助于保障国家粮食安全。坚决制止餐饮浪费行为，能切实培养节约习惯，体现出高度的责任感。

试一试：

1. 思考"光盘行动"给生活带来的变化，并分组汇报展示。
2. 查阅"光盘行动"参与度的资料。

劳动任务清单

任务名称	让"光盘行动"从我做起、从点滴做起	学生姓名	
劳动时间		劳动地点	
劳动成果展示			
（图文混合展示）			
劳动体悟与反思			

劳动体悟：

劳动经验：

自我评价：

续表

知识掌握清单				
评价要点： 1. 了解践行"光盘行动"的来源； 2. 了解不同地区支持"光盘行动"的方式。				
评价				
不合格	合格		良	优
练习和观察清单				
评价要点： 1. 践行一次"光盘行动"； 2. 能简要记录"光盘行动"的过程状态。				
评价				
不合格	合格		良	优
鉴定结果	合格□		不合格□	
给学生的反馈： 如果不合格，需要重新鉴定的说明： 鉴定教师签字：　　　　日期：				

任务三　劳模精神和劳动素养

案例链接

甜品店店长走上"全国劳动模范"领奖台

坐落在广州市番禺区沙湾古镇的一家甜品店，是游客到沙湾古镇游玩必去的场所之一。尚未进门，就可以闻到浓浓的奶香味。屋内摆放着十几张广式大理石圆桌椅，青砖、脚门、趟栊门都散发着独特的岭南韵味。王秀甜就是这家甜品店的主理人，大家亲切地称呼她为"甜姐"。

王秀甜开店已有三十余年。她说当年想找份工作，无奈自己的孩子还小，无法带着孩子去工作，于是在家人的支持下，她用仅有的积蓄买下了两头奶牛，由此开始她的职业生涯。

20世纪80年代初，王秀甜从两头奶牛开始起步，大胆探索，改良奶牛品种，通过科学养殖提高牛奶质量，演绎了一个普通农民"勤劳创业、带头致富"的传奇。其生产的水牛奶被中华人民共和国农业部（现为中华人民共和国农业农村部）认证为"有机农产品"。

创业成功后，王秀甜带领村民共同致富。她成立了沙湾水牛奶妇女经济合作社，推动奶牛饲养向规范化、科学化发展，使沙湾水牛奶养殖业成为远近闻名的特色农业产业。2020年1月，她响应政府号召，将奶牛场搬至湛江市遂溪县。

为了配合沙湾古镇旅游项目的开发，王秀甜创办了甜品店。凭借过硬的产品质量、传统地道的工艺手法、创新创造的甜品款式，这家甜品店成为沙湾古镇甜品美食宣传的靓丽名片，王秀甜个人也被评为"沙湾水牛奶传统小食制作技艺"这一项目的广州非物质文化遗产传承人。

创业致富后，王秀甜不忘公益慈善事业。她多次参加结对帮扶活动，参与公益慈善活动，为困难妇女、儿童出钱出力，以实际行动回报社会，被推选为广州市第十二届妇女代表。

王秀甜曾荣获"全国农村科技致富女能手""广东省劳动模范""广州市三八红旗手""广州好人""全国劳动模范"等荣誉。

现在，王秀甜创办的甜品店已挂牌番禺区工会职工文化教育实践基地，不时有单位组织职工到店里开展研学游活动。

王秀甜表示，自己经营的甜品店挂牌番禺区工会职工文化教育实践基地，是一份光荣，也是一份使命和责任。她将以此为契机，认真做好自己的本职工作，养好一群牛，带好一帮人，做好一杯水牛奶，发扬一门传统技艺，办好一个职工文化教育实践基地。

分析： 据了解，2020年全国共评出全国劳动模范和先进工作者2000多名。这些劳动模范和先进工作者既有爱岗敬业、埋头苦干的一线工人，也有刻苦钻研、攀登高峰的专家教授；既有世界技能大赛冠军，也有一线劳模工匠……他们在各条战线上辛勤劳动、勤勉敬业、奋发有为、接续奋斗，为社会做出了积极贡献，为广大劳动者树立了榜样。

思考： 作为一名普通劳动者，你如何看待自己将来从事的工作？在个人的本职岗位上你将如何发挥作用？

知识学堂

一、劳模精神的含义

劳模精神，是指"爱岗敬业、争创一流，艰苦奋斗、勇于创新，淡泊名利、甘于奉献"的劳动模范的精神，是伟大时代精神的生动体现。其中，爱岗敬业是本分，争创一流是追求，艰苦奋斗是作风，勇于创新是使命，淡泊名利是境界，甘于奉献是修为。做一个守本分、有追求，讲作风、担使命，有境界、有修为的人，是每一位劳模的精神风范，更是每一位劳动者应该追求的目标。

长期以来，广大劳模以高度的主人翁责任感、卓越的劳动创造和忘我的拼搏奉献精神，谱写出一曲曲可歌可泣的动人赞歌，为全国各族人民树立了光辉的学习榜样。每个时期的劳模，都是时代的精神符号和力量化身。随着时代的发展，劳模被赋予越来越多的时代内涵和元素，但无论是生产者还是创业者，无论是比表现还是比贡献，无论是讲精神作用还是讲经济效益，劳模的核心价值始终都是不变的。

二、新时代劳模精神的内涵与实践意义

（一）新时代劳模精神的内涵

尽管每个时代的劳模群体都呈现出多元的组合，以体现对不同劳动价值的肯定，但社会对劳动价值的评判正在从"出大力、流大汗""苦干加巧干"，向知识型、创造社会效益、创造经济效益方向转变。

新时代劳模精神的内涵：劳模精神是工人阶级先进性的集中体现，是工人阶级主人翁意识的集中凸显，是社会主义核心价值观的生动诠释，是时代精神的生动体现，是民族精神的重要组成部分，是劳动精神的积极呈现，是培育时代新人的重要手段，是文化自信的

重要支撑，是实现伟大复兴中国梦的重要力量。劳模精神当代品格的核心要素是工匠精神。

案例链接

世界杂交水稻之父——袁隆平

他用毕生的精力在解决吃饭问题——这个人类一直未能解决的大问题，他用智慧改造了大地，用心血造福了人类，他的名字、事业、精神光耀环宇。他是中国杂交水稻育种专家，是杂交水稻研究领域的开创者和带头人，他就是被誉为"世界杂交水稻之父"的袁隆平。

从1946年开始，他几十年如一日，全心致力于杂交水稻技术的研究，成功研发出"三系法"杂交水稻。1987年，国家"863"计划将两系法杂交水稻研究作为专题，袁隆平组成了两系法杂交水稻研究协作组开展协作攻关。历经近9年的艰苦攻关，1995年两系法杂交水稻取得成功，一般比同熟期的三系法杂交水稻增产5%～10%，且品质一般都较好。两系法杂交水稻为中国独创，它的成功是作物育种上的重大突破，体现了以袁隆平为首的中国杂交水稻科技工作者的智慧。随后他又带领团队创建了超级杂交水稻技术体系，使水稻产量平均亩产提高到900千克。他多次赴印度、越南等国家，传授杂交水稻技术以帮助其克服粮食短缺问题。袁隆平从事杂交水稻研究半个多世纪，不畏艰难，甘于奉献，呕心沥血，苦苦追求，使中国杂交水稻研究始终居世界领先水平，为中国粮食安全、农业科学发展和世界粮食供给做出了杰出贡献。他被授予全国劳动模范称号，被评为全国道德模范，荣获国家最高科学技术奖和联合国教科文组织科学奖，获得国家"改革先锋"荣誉称号。

思考：袁隆平深入田间地头，埋头苦干，呕心沥血，不断对杂交水稻技术进行改良创新。是什么力量支持袁隆平几十年如一日，矢志不渝？袁隆平改良杂交水稻技术，不断提高水稻单产和总产，如何看待他给人类社会带来的价值和做出的贡献？

（二）劳模精神的意义

1. 劳模精神是工人阶级主人翁意识的集中凸显

主人翁意识是劳模精神的内在本质，是正确认识和理解劳模精神的关键词。正是因为自觉的、强烈的主人翁意识，劳模才以车间为家、以厂为家、以企为家，才具有积极主动的岗位意识、职业意识、进取精神和创新精神，才能在本职工作中充分发挥积极性、主动性和创造性，才能够艰苦奋斗、淡泊名利、甘于奉献，自觉把人生理想、家庭幸福融入国家富强、民族复兴的伟业之中，最终建构起个人与集体、个人梦与中国梦、小家与国家民族融合的发展共同体和命运共同体。

2. 劳模精神是工人阶级先进性的集中体现

在中国革命、建设、改革的各个历史时期，我国工人阶级都具有走在前列、勇挑重担的光荣传统。劳动模范作为工人阶级的优秀代表，是时代的引领者，在工作和生活中发挥了先锋和排头兵作用。他们以辛勤劳动、诚实劳动和创造性劳动，持续推动着社会进步、国家发展和民族复兴。劳模精神作为劳动模范的思想内核、行动指南和精神灯塔，成为推动时代前进的强大精神动力，充分体现了工人阶级先进性的主体地位，彰显了工人阶级的伟大品格，推动了工人阶级的成长进步。

3. 劳模精神当代品格的核心要素是工匠精神

从本质上讲，工匠精神是一种基于技能导向的职业精神，它源于劳动者对劳动对象品质的极致追求，具有精益求精、专注执着、严谨慎独、创新创造、爱岗敬业，以及情感浸透、自我融入的基本内涵，既表现了极致之美的品质追求，又体现了敬业之美的精神原色，更展现了创造之美的价值升华。工匠精神充分凸显了新时代劳模精神爱岗敬业、精益求精、追求卓越的精神品质和价值导向，可以说，工匠精神是对劳模精神的重要深化和丰富发展。

4. 劳模精神是培育时代新人的重要手段

一方面，劳模精神作为社会主义核心价值观的生动体现，更为人们所理解，更容易为人们所接受，更方便为人们所模仿，将对培育时代新人起到重要的推动作用；另一方面，通过强化教育引导、舆论宣传、文化熏陶、实践养成、制度保障，能够培养和造就具有劳模精神的时代新人，激发广大劳动者创业的积极性、主动性和创造性。

三、劳动素养的概念

素养，是人在特定情境中综合运用知识、技能和态度解决问题的高级能力与人性能力。2016年发布的《中国学生发展核心素养》指出，"劳动意识重点是：尊重劳动，具有积极的劳动态度和良好的劳动习惯；具有动手操作能力，掌握一定的劳动技能；在主动参加的家务劳动、生产劳动、公益活动和社会实践中，具有改进和创新劳动方式，提高劳动效率的意识；具有通过诚实合法劳动创造成功生活的意识和行为等"。

因此，劳动素养是指劳动者在劳动过程中与之相匹配的劳动心态和劳动技能的综合概括，是处于社会实践活动中的实践主体在掌握一定知识储备和劳动技能的基础上开展的实践活动，特别是在劳动实践中所展现的优良品质的集合，包括劳动意识、劳动精神、劳动能力及知识储备和创新精神等。它是衡量劳动者能否完成某对应性工作的最根本、最直接的工作能力指标。劳动者的劳动不是简单的机械制造或再造，而是有生命、有理想的劳动者个体按劳动计划而展开的创造性工作。劳动素养中的劳动心态包括：对待工作的态度、帮助客户的心态，对客户心智的解读，对客户需求的认知等。劳动技能是指在解决工作问题或处理矛盾的过程中，受劳动者支配的及运用到的劳动工具和方法，和由此而产生且达到预定劳动结果的专业技能。

案例链接

只要心中有爱，送快递也能眼中有光、走路带风

张义标是北京顺丰速运有限公司的一名快递员，获得了2020年"全国劳动模范"荣誉称号。张义标说："这是无限光荣，更是沉甸甸的使命。"在张义标眼里，快递员这个岗位普通且平凡，但只要倾注热情，同样可以"心中有爱、眼中有光、走路带风"。

2019年6月28日，北京顺丰速运的一名基层仓管员张义标获得"中国好人榜"助人为乐好人的殊荣，这也是他继首都劳动奖章、北京榜样提名奖、全国"五一劳动奖章"之后，获得的又一重量级大奖。时年32岁的张义标，入职顺丰速运公司已有4年。

4年来，他每天清晨7点准时到岗，将第一批货物装上车，然后分拣、统计，按照准确路线将快递送达客户家中。一天下来，要在网点与送达地之间往返10次左右。"什么时候干完活，就什么时候下班"是常态，有时要工作到凌晨。午饭与晚饭也常常是"看情况"，如果时间紧张，干脆就省掉了。

只有高中文化程度的他，勤学上进、刻苦钻研，从刚入职时每天只能送几十单，到后来每天可以送二三百单。工作量提速10倍的背后凝结了他的汗水、思考与热情。凭借着对工作的无限热爱和执着，他从一名普普通通的快递员晋升为仓管员，实现了从普通工人到基层管理人员的岗位蜕变。

张义标在面对有些客户的无端挑剔和指责时，总能微笑面对，耐心解释，直至客户满意。在某次"双十一"前夕，张义标仍带病坚持工作，因为"双十一"是快递高峰期，货物的爆仓使送件变得困难，如果处理不及时，不仅会出现爆仓积压严重的现象，还会影响客户及时收件。为了不耽误快件送达，他虽然身体不舒服，仍然出发送件，时而推着自行车，时而肩扛快件，硬挨到了"双十一"结束。他的举动深深地感染着身边的每一个人。

一次送件时，张义标认识了辖区的老人吴弘。脏乱的房屋、刺鼻的气味、老人佝偻的身体，让张义标受到深深的触动。从那时起，他就经常利用派单间隙，帮助老人洗澡、打扫卫生、买药、聊天谈心，让老人重拾对美好生活的向往。直到4年后老人打电话到公司客服表示感谢，他的善举才为同事们知晓。

张义标帮的不仅仅是吴弘，他还先后到甘肃、云南的偏远山区，走访了11个经济困难家庭，资助他们的孩子继续学业。2018年5月，热心公益的张义标积极报名，参加了"顺丰莲花助学，爱在路上"壹点公益活动，来到了贫困的偏远山区。张义标努力克服当地恶劣的天气和环境带来的困难，走访了6个家庭。他坚信自己的选择，并且决定一定要让公益成为自己的一种生活习惯，去帮助更多的人，使自己成为对社会更有用的人。

分析：劳模精神是干一行、爱一行、钻一行的钻研精神；是勇于创新、争创一流的进取精神；是艰苦奋斗、淡泊名利、默默耕耘的"老黄牛"精神；是甘于奉献、乐于服务的忘我精神；是紧密协作、互相关爱的团队精神。只有发扬顽强拼搏、追求卓越的精神，才能出类拔萃，才能"淬炼"成劳模。

光荣属于劳动者，幸福属于劳动者。在送快递这份平凡的工作中，张义标体会到了这份殊荣，更体会到幸福所在。

四、职校学生应具备的劳动素养

（一）劳动素养的构成

劳动素养与劳动有关，可以经过生活或教育活动形成，其内涵与指向包括劳动态度（劳动意识、劳动尊重、劳动责任感）、劳动能力（劳动知识、劳动技能、劳动创造）、劳动习惯（自觉劳动、安全劳动、诚实劳动）和劳动精神（劳动奉献、劳动美好、劳动幸福）等。

1. 劳动态度

劳动态度指向以劳树德，重点是人的劳动意识、劳动尊重、劳动责任感，让人想劳动。劳动教育的目的是塑造人的精神世界，让人在劳动中树立并践行社会主义核心价值观，培养人"自己的事情自己做"的意识与责任心，培养人崇尚劳动、尊重劳动、敬畏劳动、勤俭节约、踏实肯干的劳动态度。

2. 劳动能力

劳动能力指向以劳增智、以劳健体、以劳创新，重点让人掌握相关劳动领域的知识、技能，让人会劳动，即让人亲身经历、体验、感受真实的劳动活动，掌握日常生活劳动、服务性劳动和生产劳动的技能，在实践中激发创新精神，培养团结协作能力、创新创造能力，以及与人、与社会和谐相处的能力。

3. 劳动习惯

重点培养人自愿劳动、自觉劳动、安全规范劳动的劳动习惯，促进人认识并体验脑力劳动和体力劳动、简单劳动和复杂劳动、线上劳动和线下劳动等多种形式的劳动关系，感受其过程，让人想劳动、会劳动。

4. 劳动精神

劳动精神指向以劳为美、以劳树德、以劳动创造幸福生活，让人爱劳动，即通过劳动教育，促进人脑力劳动（学科学习）和体力劳动（应用实践）的贯通，提高人发现劳动美、欣赏劳动美、创造劳动美的能力，引导人形成坚韧不拔的劳动精神和劳动品质。

（二）职校学生的劳动素养

具体而言，职校学生的劳动素养是指在掌握扎实专业知识和操作技能的同时，具有积极主动的劳动意识、良好的热爱劳动的心态和尊重他人劳动成果的态度，以及追求卓越的精神，不仅能够扎实开展学习、生活、工作中的脑力与体力劳动，而且能够根据条件变化创造性地开展劳动活动。

五、职校学生提升劳动素养的途径

（一）注重劳动价值引导

加强劳动思想教育，让"劳动最光荣、劳动最崇高、劳动最伟大、劳动最美丽"的观念内化于心、外化于行。学生要加强马克思主义劳动理论的学习，深刻理解和领会马克思主义关于劳动创造人、劳动促进人的全面发展等观点，通过加强思想政治学习、专业学习提高参加劳动实践、接受劳动锻炼的自觉性和主动性。

劳动教育并不是简单地学习理论课程，也不是完成多少劳动任务。接受劳动教育，不仅获取劳动的知识与技能，而且涉及价值观的培养问题，要在日常行为习惯的养成中培养劳动意识，以及基本生存能力、责任担当意识。因此，劳动教育的核心目标是劳动价值观的培育，即通过劳动教育，使学生加强对劳动的认识，改变对劳动的态度，培养对劳动的情感，最终树立尊崇劳动、热爱劳动的价值观。

（二）加强劳动品德修养

劳动品德体现了劳动的伦理要求，是指人们在劳动过程中所表现出来的对他人和对社会的稳定的心理特征或倾向。学生要深刻理解新时代的劳动者"不仅需要有力量，还要有智慧、有技术，能发明、会创新"的道理，要以科学家、大国工匠和劳动模范为榜样，胸怀理想，脚踏实地、锐意进取，敢为先锋、勇于创造。

（三）加强劳动技能学习

劳动技能是个体从事一定劳动所必须具备的知识、技术、技巧，以及综合运用这些知识、技术、技巧的能力，是个体劳动素养全面提升的必备基础。学生应通过专业课学习、实习实训、创新创业教育、专业实习、毕业实习等课程加强劳动技能的学习，用系统的科学知识为提升劳动素养奠定坚实的基础。

案例链接

择己所爱

2018年2月，小徐正式成为广州市一家高级定制公司的高级定制培训总监。职业生涯的发展，全凭他爱一行干一行。初中的时候，他经常帮家人缝缝补补，改造衣服。后来父母给他买了一台缝纫机，他通过看书和上网自学，学会了使用缝纫机。中考的时候，他主动向父母提出去职业院校学习服装设计。进入职业院校以后，热爱服装裁剪的动力促使小徐从普通学生成长为竞赛队成员再到国赛选手。小徐每天工艺室和宿舍两点一线，埋头追求服装工艺的精益求精。功夫不负有心人，从市赛开始，小徐一路过关斩将、层层晋级，以国赛二等奖和优秀毕业生的成绩走出校门。

走上工作岗位时，小徐就已经是一位高级定制设计师，并且是全班唯一一位进入高定行业的学生。工作后，他认为已有的知识和技术并不够用，要提高解决问题的能力必须提高专业技术。于是，小徐报考了成人大专，同时向有经验的老师傅取经，每天用大量的时间研究人体，学习研发西装面料，创造了一个月画了四百多张西装打版图的纪录。正因为他热爱实践、乐于解决问题，工作上的难题都能迎刃而解。尤其对于身材比例偏差大的客人，经过他的测量，均能制作合体的西服。由他定做的西服，得到了客户的盛赞。

工作不到一年，公司破格提升小徐为培训总监，中专毕业的设计师和设计助理成为他的授课对象。他频繁地奔赴全国各家分店开展培训，公司的重要客户指定由他量身，公司年度计划也会征询他的意见。

分析：我喜欢什么？我以后想从事什么职业？通常是职校学生遇到的难题。有不少在读职校学生吐槽：这个学校不是自己选的，是被家人"逼"着来上学的。被问到对什么感兴趣的时候，不多数学生的回答是"不知道"。不基于爱好、兴趣的选择（专业、岗位）是职校毕业生最大的瓶颈，还有些学生毕业后没有选择和本专业相关的技术性工作岗位。

起点相同，结果不同。小徐和同年入校的其他同学有不同的职业生涯，归根结底是因为小徐爱一行干一行、干一行爱一行，这也是劳模精神的核心。不管是在学校还是在企业，他都刻意练习，持续发光。时间、精力和才智让小徐的职业技能水平不断提升，精神信念让他的职业荣誉感不断增强。

现代社会的竞争，劳动技能是核心，劳动素养是有力的支撑。劳动不是简单的机械制造或再造，而是有生命、有理想、有思想的劳动者个体按劳动计划而展开的创造性工作。小徐不仅有劳动技能，还有劳动素养。兴趣，让小徐有良好的态度，自发地投入学习和劳动中，他不会因为高强度的劳动而产生负面情绪。

劳动，让小徐对已经体验的事物保持思考的习惯，并在每次实践活动后更新观念、提升技巧，为下一次实践做准备。思考，让小徐始终带着解决问题的思维模式投入工作中，不断地在劳动中体验，形成良性循环。职校学生的劳动素养培养不是从走进职场开始的，而是在学校里就开始了。职校学生是半个职场人，确定自己所爱，选择自己所爱，适配社会和企业所需，才能享受提升劳动素养带来的幸福感。

（四）加强劳动实践锻炼

劳动习惯是个体在长期劳动实践训练中形成的稳定的行为模式。加强劳动实践锻炼，养成良好的劳动习惯，要让真抓实干、埋头苦干成为基本的生活方式。学生要在实践中体会劳动素养提升与自身健康成长和全面发展的内在联系，积极参加家庭劳动、学校组织的劳动教育和劳动锻炼，并积极寻找社会实践、公益劳动、勤工助学、校外实习等劳动机会，在劳动过程中训练劳动技能，形成热爱劳动的良好品德，锻炼吃苦耐劳的意志品质，全面提高劳动素养。

（五）营造劳动校园文化

校园文化对学生的思想观念、价值取向和行为方式具有潜移默化的影响。学校应加强劳动育人校园文化建设，大力弘扬劳模精神、劳动精神、工匠精神，实现劳动教育与校园文化建设的融合。对于职业学校的学生而言，一是要重视向榜样学习，通过参加学校开展的"劳模大讲堂""大国工匠进校园"等专题讲座，以及在校园官网、校园公众号、橱窗、走廊等宣传阵地学习劳模和工匠的先进事迹，学生能够近距离接触劳动模范，聆听劳模故事，感受榜样力量，从而激发他们崇敬劳模、学习劳模，崇尚劳动、热爱劳动的情感。二是要重视朋辈效应的作用，向身边的人学习。要积极参加与劳动有关的兴趣小组、学生社团，在班会、团课、社团活动中，广泛开展与劳模精神相关的主题演讲、知识竞赛、征文比赛，以及辩论赛、情景剧大赛；要在活动中主动探索和反思劳动的意义与价值；要广泛参加以劳动教育为主题的手工劳技展演，如手工制作、电器维修、班务整理、室内装饰、宿舍内务技能大赛等实践活动；要提高自身的劳动意识，加强自身劳动习惯的养成。

（六）在校园生活和日常自我管理中培养劳动素养

1. 在班级和宿舍管理中设立劳动岗位

劳动是一项身与心相结合的活动，对学生的社交能力、协作能力、团队精神的培养有促进作用。职业院校的学生大部分时间是在教学场所和宿舍中活动的，在教学场所，可以安排定期的值日生进行教室和实训室的日常管理、卫生清洁；在宿舍内也可以进行轮流值班，负责宿舍的卫生及美化，打造适宜居住的生活环境，培养学生的劳动意识。

2. 定期参加校内外劳动基地活动

学生可以在学校设立的劳动基地参加劳动（如无条件，教师可就近联系工厂或者农场，有组织地安排学生进行生产劳作）。同时，学生应利用寒暑假进行一定时间的实习锻炼，提交相应的劳动实践报告，将劳动活动与校内外实践、实习相结合。学校可对此附以一定的学分，将其纳入考核范畴。

3. 加强日常管理制度建设

职业院校从上至下，从领导到全体师生都要有培养劳动精神的意识，这样才能通力协作，将劳动意识的养成融入人才培养中。因此，制度建设及多方位的宣传就成为保障和落实的关键。在管理过程中，要将校内外实践、顶岗劳动、宿舍劳动岗位设立、校园服务及社区服务等都形成规矩和要求，最好以课时或者学分的形式纳入教学和育人体系。

案例链接

徐虎：在平凡岗位上温暖千万家

全国劳动模范徐虎，在水电修理工的平凡岗位上，长期积极主动地为居民排忧解难，用"辛苦我一人，方便千万家"的精神谱写了一曲新时代的雷锋之歌。

作为上海普陀区中山北路房管所的水电修理工，徐虎发现居民下班以后正是用水用电高峰，也是故障高发时期，而水电修理工已下班休息。于是1985年在他管辖的地区率先挂出3个醒目的"水电急修特约报修箱"，每天晚上7点准时开箱，并立即投入修理。

从此，晚上7点，成了徐虎生活中最重要的一个时间点。不论刮风下雨、冰冻严寒，还是烈日炎炎或节假日，徐虎总会准时背上工具包，骑上他那辆旧自行车，直奔这3个报修箱，然后按照报修单上的地址，走了一家又一家。

徐虎爱岗敬业，几十年如一日义务为居民服务，在平凡的工作中做出了不平凡的成绩。他五次被评为全国劳动模范，两次被评为上海市劳动模范，曾获得全国优秀工人代表、全国优秀共产党员等称号，还被评为"100位新中国成立以来感动中国人物"和"时代领跑者——新中国成立以来最具影响的劳动模范"等。

点评：从点滴做起，几十年如一日，全心全意为居民服务，被人们亲切地称为"活雷锋"。徐虎以平凡的工作折射出耀眼的时代光芒，他以一颗金子般的心，赢得了人民群众的称赞和社会的认可，激励着人们崇尚先进、敬业爱岗。

劳动任务清单（十四）

职业认知

我是交通协管员

管城回族区外国语小学学生来到中州大道与郑汴路交叉口附近，在郑州市公安局交通警察支队第四大队第四中队交警的指导下，开展"我是小小交通协管员"专题活动。

首先，第四中队队长方新建从生命安全、交通规则、习惯养成等方面为学生讲解了交通安全的相关知识，随后针对学生提出的问题进行了解答。紧接着，交警同志和家长志愿者对学生进行分组，并发放红马甲、小红帽和小红旗。学生穿戴整齐后，交警同志又对学生进行了"岗前培训"，向学生明确执勤的基本要求和挥旗的规范动作。

最后，在交警同志和家长志愿者的带领下，学生来到了自己的执勤岗位，开始了"我是小小交通协管员"体验活动。每个学生都站得笔直，在交警同志的指挥下提醒行人遵守交通规则。红灯亮，学生有力地挥着手中的旗子做停止行走手势；绿灯亮，他们再次挥起旗子告诉大家可以通过。

活动结束后，第四中队的宋警官说："本次活动将理论与实践有机结合，可以为学生带来'不一样'的体验，让学生更好地认识到遵守交通安全法规的重要性。"学生表示在活动中学到了许多交通知识，懂得了交警叔叔的辛苦，也会向更多身边的人宣传文明交通的意义。

试一试：

1. 查找交通协管员工作的具体内容，并分组汇报展示。
2. 参加一次交通协管活动。

劳动任务清单

任务名称	我是交通协管员	学生姓名	
劳动时间		劳动地点	
劳动成果展示			
（图文混合展示）			

劳动体悟与反思

劳动体悟：

劳动经验：

自我评价：

续表

知识掌握清单				
评价要点： 1．了解交通协管员的职责； 2．了解不同的交通协管员。				
评价				
不合格	合格		良	优
练习和观察清单				
评价要点： 1．成功掌握参与交通协管员工作的必备条件； 2．能简要记录成为交通协管员的过程状态。				
评价				
不合格	合格		良	优
鉴定结果	合格□		不合格□	

给学生的反馈：

如果不合格，需要重新鉴定的说明：

鉴定教师签字： 　　　　　　日期：

知识拓展

古话：

◇"勤劳致富，懒惰致贫。"

这句话简洁明了地表达了勤劳是致富的根本，而懒惰则会导致贫穷。它强调了劳动的重要性，鼓励人们通过勤奋劳动创造财富。

◇"人生在勤，不索何获？"

这句话出自东汉张衡的《应闲》，意思是人生应该努力探求，如果不去探索（劳动）的话，又哪能有收获呢？它强调了劳动和探索是获取成果的必要条件。

◇"民生在勤，勤则不匮。"

这句话出自《左传·宣公十二年》，意思是民众的生计、生活在于勤劳，勤劳就不会出现物资匮乏。它强调了勤劳对于民众生活的重要性。

◇"黎明即起，洒扫庭除。"

这句话出自明末清初理学家朱柏庐的《治家格言》，原意是黎明时分就要起床，打扫庭院内外。它体现了古人勤劳、自律的生活习惯，也是传承劳动精神的一种体现。

名人名言：

◇"劳动是人类存在的基础和手段，是一个人在体格、智慧和道德上臻于完善的源泉。"——乌申斯基

这句名言强调了劳动对于人类生存和发展的重要性，同时指出劳动是提升个人素质和完善自我的重要途径。

◇"所有现存的好东西都是创造的果实。"——米尔

这句名言强调了创造的重要性，而创造往往来源于辛勤的劳动。它鼓励人们通过劳动去创造更多的美好事物。

◇"临渊羡鱼不如退而结网。"——班固

这句话出自东汉班固的《汉书·董仲舒传》，意思是站在水边想得到鱼，不如回家去结网。它强调了实际行动和劳动的重要性，只有付出努力才能获得想要的结果。

◇"我们世界上最美好的东西，都是由劳动、由人的聪明的手创造出来的。"——高尔基

这句名言强调了劳动在创造美好事物中的重要作用。它鼓励人们通过劳动和智慧去创造更多的美好和奇迹。

这些古话和名人名言都强调了劳动的价值和重要性，以及劳动精神的传承与弘扬，鼓励人们通过勤奋劳动去创造美好的生活和未来。

项目训练

传承劳动精神

一、项目背景

在当今社会，随着科技的发展和生活节奏的加快，人们对于劳动的态度和认识逐渐淡化。为了弘扬劳动精神、培养学生的劳动意识和习惯，本项目训练旨在通过实践活动让学生深入理解和传承劳动精神。

二、项目目标

让学生了解劳动精神的内涵和价值，认识到劳动对于个人成长和社会发展的重要性。

通过实践活动，培养学生的劳动技能和团队合作精神。

引导学生树立正确的劳动观念，养成热爱劳动、勤奋好学、自力更生的良好习惯。

三、项目内容

1. 劳动精神宣讲会

组织学生参加一场劳动精神宣讲会，邀请劳动模范或具有丰富劳动经验的人士分享他们的劳动故事和心得体会。通过宣讲会，帮助学生感受到劳动的艰辛与美好，激发他们对劳动的热爱和尊重。

2. 劳动技能培训

安排专业人士对学生进行劳动技能培训，如园艺、木工、缝纫等。通过培训，让学生掌握一定的劳动技能，为后续的实践活动打下基础。

3. 校园美化行动

组织学生参与校园美化行动，如植树、种花、打扫卫生等。通过实际行动，让学生体验到劳动的快乐和成就感，培养他们的环保意识和责任感。

4. 劳动成果展示

在项目结束时，组织学生进行劳动成果展示。学生可以展示自己的手工作品、园艺成果等。通过展示，帮助学生感受到自己的劳动成果被认可和赞赏的喜悦，进一步激发他们的劳动热情。

四、项目实施步骤

确定项目主题和目标，制订详细的项目计划。

联系宣讲嘉宾和劳动技能培训师，安排相关活动。

组织学生参与校园美化行动，分配任务，明确责任。

对学生的劳动成果进行收集和整理，筹备劳动成果展示活动。

举办劳动成果展示活动，邀请师生共同参观和评价。

对项目进行总结和反思，收集学生的反馈意见，为今后的劳动教育活动提供参考。

五、项目预期成果

通过本项目的实施，预计达到以下成果：

学生对劳动精神有更深入的理解和认识，能够自觉传承和弘扬劳动精神。

学生的劳动技能得到提升，能够独立完成一些简单的劳动任务。

学生的团队合作精神和责任感得到增强，能够积极参与集体劳动活动。

学生的劳动成果得到展示和认可，激发了他们的自信心和自豪感。

六、项目总结

通过本项目训练的实施，学生可以深入了解劳动精神的内涵和价值，掌握一定的劳动技能，培养团队合作精神和责任感。同时，通过实际行动和参与集体劳动活动，学生可以体验到劳动的快乐和成就感，养成热爱劳动、勤奋好学、自力更生的良好习惯。这些经验和收获将对学生今后的学习和生活产生积极的影响。

项目五

劳动素质

> **知识目标**

1. 掌握劳动的本质与价值，理解劳动理论修养的内涵及提升途径，以及劳动理论修养的意义。
2. 了解劳动基本素养的内涵和提升的途径，包括劳动技能、劳动态度、劳动安全等多个方面，明确劳动基本素养的意义。
3. 掌握劳动态度的内涵、意义，以及劳动常识的相关内容。

> **能力目标**

1. 能够运用所学知识分析和评价自己的劳动基本素养，找出存在的差距和不足，制订切实可行的提升计划。
2. 能够培养良好的劳动态度和习惯，保持积极向上的心态，勇于面对挑战和困难，不断提升自己的综合素质。

> **素养目标**

1. 培养尊重劳动、热爱劳动的情感态度，认识到劳动是创造美好生活和社会财富的重要途径，愿意为劳动事业贡献自己的力量。
2. 增强社会责任感和职业道德意识，关注社会公益事业和集体利益，积极参与志愿服务和公益活动，践行社会主义核心价值观。
3. 提升审美情趣和人文素养，懂得感恩和珍惜他人的劳动成果，形成健康向上的生活态度和审美情趣。

项目导读

劳动素质，不仅关系到每个人的日常生活与职业发展，更是现代社会公民必备的核心素养。

在这个项目中，我们将带你领略劳动素质的深层含义，理解它在我们个人成长和社会进步中的不可或缺的作用。通过系统的学习与实践，你将能够全面提升自己的劳动技能、劳动态度和劳动习惯，为未来的职业生涯和社会生活做好充分准备。

首先，我们要明确劳动素质的基本概念。劳动素质是一个综合性的概念，它包括了劳动技能、劳动知识、劳动态度和劳动习惯等多个方面。这些要素相互关联、相互影响，共同构成了一个人的劳动素质。其中，劳动技能是我们胜任工作的基础，劳动知识是我们理解工作的前提，劳动态度是我们对待工作的表现，劳动习惯则是我们长期养成的行为模式。

其次，提升劳动素质，对于个人而言，意味着更高的就业竞争力、更好的职业发展前景和更高的生活质量。在激烈的社会竞争中，具备良好劳动素质的人往往更容易获得机会和成功。同时，劳动素质的提升也是个人自我价值实现的重要途径。通过辛勤的劳动和不断的努力，我们可以创造出属于自己的美好生活。

再次，对于社会而言，提升公民的劳动素质同样具有重要意义。一个拥有高素质劳动者的社会，必然是一个充满活力和创新力的社会。这样的社会能够更好地应对各种挑战和问题，实现持续稳定的发展。

在"劳动素质"这一项目中，我们将通过丰富的案例、生动的讲解和多样的实践活动，帮助你深入理解劳动素质的内涵和价值。你将有机会学习和掌握各种劳动技能，了解和体验不同行业和岗位的工作特点和要求。同时，我们也将引导你培养良好的劳动态度和习惯，树立正确的价值观和职业观。

在学习过程中，我们鼓励你保持开放的心态和积极的态度。劳动素质的提升是一个长期的过程，需要你不断地学习、实践、反思和进步。我们相信，只要你付出努力和汗水，就一定能够收获成长和成功。

最后，我们希望你能够珍惜这次学习的机会，认真对待每一个知识点和每一次实践活动。通过本项目的学习与实践，相信你一定能够全面提升自己的劳动素质，为未来的职业生涯和社会生活奠定坚实的基础。同时，我们也期待你能够将所学知识和技能运用到实际生活中，为社会的发展和进步贡献自己的力量。

案例导入

感动中国人物——汤洪波

3人航天员小组中,首次执行"飞天"任务的航天员汤洪波是湘潭县人,他也成为了湖南"飞天"第一人。"我喜欢听飞机起飞的时候发动机发出的那种轰鸣声,也喜欢开着飞机在云层里面钻来钻去,这种直插云霄的感觉很惬意。"汤洪波说。

当年从航校毕业后,汤洪波直接去了新疆,成为一名空军飞行员。

在新疆,经过8年的飞行训练,他凭借出色的成绩成为飞行大队的大队长,安全飞行1159小时,被评为空军一级飞行员。2010年5月,经过层层选拔,汤洪波成为我国第二批预备航天员。

进入航天员大队后,他一直坚持各种训练,为飞行做准备。

现在汤洪波办公室里最醒目的位置,还摆放着他当空军飞行员时戴的头盔,它记载着汤洪波曾是一名优秀空军飞行员的经历。转做航天员的这些年,汤洪波虽然没有飞,却在时刻准备着。其间,汤洪波遇到了各种各样的挑战,如坐转椅、沙漠野外生存、72小时狭小环境剥夺睡眠训练等。每次,他都咬牙坚持,努力去克服困难,最终完成了一项项训练。

2021年6月17日,机会终于来了。历经11年磨砺,已经是中国人民解放军航天员大队二级航天员、大校军衔的汤洪波,带着他的飞天梦想,搭乘神舟十二号载人飞船奔向苍穹。

6月18日7点20分,通过视频画面可以看到,天和舱内有几个包裹已经从原来的固定位置被拆解出来,呈飘浮状态,航天员汤洪波手持一把电动螺丝刀,在拧螺丝;在他旁边,航天员聂海胜、刘伯明互相配合进行工作。

此次航天员出舱活动,从开舱门到航天员回到核心舱,一共用时6小时47分钟,远长于第一次在2008年实施的出舱活动的时间。3名航天员有明确的分工。出舱的两名航天员,一人要为机械臂安装上臂支架,包括脚限位器、工具台等,随后借助机械臂进行移动;另一名航天员借助舱壁上安装的扶手,爬行一段距离到作业点进行辅助工作,其间还要进行一次应急返回验证。

此次出舱活动的另一项重要工作,就是进行舱外全景摄像机的抬升。在出舱过程中,舱内航天员需要对机械臂进行操作,虽然地面人员也可以对机械臂进行大范围转移,但在有航天员站在机械臂上的时候,舱内航天员可以更直观地对机械臂位置进行观察,更能与舱外航天员进行直接交流。

通过航天员在中国空间站的首次出舱活动,航天员的出舱能力、应急能力都能够得到有效验证，特别是在舱外进行长时间工作、人与装备的结合为后续航天员对空间站进行维护提供了宝贵经验。

任务一　劳动理论修养

案例链接

舍己为人的先锋

2020年7月中下旬，安徽省合肥市庐江县下起了暴雨。7月22日，庐江县消防救援大队政治教导员陈陆在搜救被困群众时，突遇破圩决口后的激流漩涡，不幸被洪水冲走，英勇牺牲，年仅36岁。面对生与死的严峻考验，陈陆用生命诠释了人民至上。

7月22日早上，庐江县石大圩漫堤决口，洪水像"脱缰的野马"涌出决口，周边4个行政村全部被淹，情况危急。接到指令后，陈陆顾不上休息，再次登艇出发。而此时，他已经在防洪一线连续奋战了4个昼夜。合肥市庐江县消防救援大队大队长方锐说："（陈陆）整个腿都是肿起来的，两条腿肿得裤子都脱不了，是战士们帮他脱的。到22日早上，第二次下去的时候，我说，'你赶快上来吧，先休息休息'。他说，'没事，我熟悉环境'。"2名被困群众很快被救出，合肥蓝天救援队队长苏琴回忆说，救援中，陈陆所在的橡皮艇始终行驶在最前面。"当时是5艘船，消防是第一艘，他们冲在第一，给大家引路，我们跟在后面。"

当得知村内还有1名残疾群众被困时，陈陆领着救援队伍再次出发。洪水上涨的速度让所有人始料未及。决口扩大，水流湍急，水位陡然从0.4米猛涨到3米多。船只遇到了最难自救、最容易发生亡人事故的险情——"滚水坝"。合肥市庐江县消防救援大队庐城站副站长常青回忆说："当时水流比较急，等我们看到有落差的地方的时候，已经来不及掉头了，专业术语讲叫'沸腾线''滚水坝'，如果人不幸被卷进去，很难出来。"

顷刻间，陈陆所在的橡皮艇被卷入激流漩涡，艇上3名消防指战员侥幸脱险，陈陆和村干部王松被洪水冲走。紧随其后的橡皮艇迅速掉转船头，加大马力冲出危险区域。合肥市庐江县消防救援大队庐城站特勤班副班长李顺说："我们的船想往回走，但是水一直往前推动着我们的船，所以就翻下去了。"

经过49个小时的不间断搜寻，直到24日13时50分，在距离当时落水点下游2.3公里处，陈陆的遗体才被找到。36岁的消防指挥员，生命永远定格在了滚滚洪流中。听说自己的救命恩人牺牲的消息后，庐江县鲍井新村的居民解启霞泣不成声："感觉他们很伟大，没有他们的帮助，我也没办法出去。"

陈陆出生在军人家庭，父亲是第一代安徽边防军人，外公是抗美援朝的老兵。小时候，他经常听外公讲部队的故事，不禁心生向往。2001年，陈陆如愿以偿穿上了军装，加入了消防部队。

消防员救人于水火之间，随时都会面临生死考验。陈陆总是冲锋在前，敢打头阵。

参与汶川地震救援时，陈陆全身起水泡，双腿被毒虫叮咬起泡流脓，背着60余斤重的破拆设备，在险境里拯救生命。合肥市肥西消防救援大队代理教导员吴胜平回忆："他不止一次地说，'我这个腿坚持不住了'，我问要不要停下来休息一会儿，但他说，'我要坚持下去'。他一直冲在最前沿，手指头被废墟划出了血也没有退缩。"

陈陆牺牲后，他生前的好友及庐江县群众自发建了一个"我有一个兄弟叫陈陆"沟通群，大家商议着要在陈陆牺牲的地方为他竖立一座纪念碑。当合肥市庐江县司法局副局长刘书虎带着材料找到陈陆的家人时，却被这个军人家庭断然拒绝。刘书虎告诉记者："我到他家里去了，不愧是英雄的家庭，老爷子说得很清楚，'很感谢，但是当前洪水还没有退，不能再给组织上添麻烦，这些事情以后再去看能不能做'。"

陈陆同志牺牲后，被应急管理部批准为烈士，追授"全国消防救援队伍优秀共产党员"，被安徽省委追授为"安徽省优秀共产党员"。

劳动，作为人类社会生存和发展的基石，始终贯穿于人类文明的整个进程。而劳动理论修养，则是个体在参与劳动过程中所必备的关于劳动本质、价值、意义等方面的理论知识和素养。在当今社会，随着科技的快速发展和劳动形式的多样化，加强劳动理论修养显得尤为重要。

一、劳动的本质与价值

劳动的本质：劳动是人类有目的地改造自然、社会和自身的活动，是人类社会存在和发展的基础。从哲学角度来看，劳动是人类特有的、与动物相区别的根本标志之一。它不仅创造了物质财富，还创造了精神财富，是推动社会进步的根本力量。

劳动的价值：劳动价值论是马克思主义经济学的核心观点之一。它认为，商品的价值是由生产商品的社会必要劳动时间决定的，而劳动是价值的唯一源泉。通过劳动，人们不仅能够满足自身的物质需求，还能够实现自我价值，获得社会的认可和尊重。

（一）劳动的本质特征

目的性：劳动总是围绕着一定的目的进行，无论是满足基本生活需求还是追求更高层次的精神满足，劳动始终贯穿着人类的目的性。

社会性：劳动不是孤立存在的，而是在一定的社会关系中进行。人们在劳动中结成了各种社会关系，共同推动社会的发展。

创造性：劳动是一种创造性的活动。通过劳动，人类不仅改造了自然，还创造了丰富多彩的文化和艺术。

（二）劳动的价值的类型

1. 劳动的经济价值

劳动是创造社会财富的唯一源泉。无论是农业、工业还是服务业，都离不开劳动者的辛勤付出。劳动不仅创造了物质财富，还通过市场交易实现了价值的转换和增值。因此，劳动是经济发展的基石。

2. 劳动的社会价值

劳动在推动社会进步中发挥着重要作用。一方面，劳动促进了科技的进步和文化的繁荣；另一方面，劳动也推动了社会制度的变革和完善。在劳动的过程中，人们不仅获得了生存和发展的物质基础，还实现了个人价值和社会价值的统一。

3. 劳动的教育价值

劳动是培养人的全面发展的重要途径。通过参与劳动，人们可以锻炼身体、磨炼意志、培养团队协作精神和创新能力。此外，劳动还能让人更加珍惜劳动成果和尊重他人的劳动，从而形成良好的道德品质和社会责任感。

二、劳动理论修养的内涵

劳动理论修养是指个体在参与劳动过程中所必备的关于劳动的理论知识和素养。具体来说，它包括以下几个方面。

劳动观念：正确的劳动观念是劳动理论修养的核心。它要求人们认识到劳动的重要性，尊重劳动和劳动者，树立正确的劳动价值观和劳动态度。

劳动知识：劳动知识是劳动理论修养的基础。它包括劳动技能、劳动安全、劳动法规等方面的知识，是人们在参与劳动的过程中必须掌握的基本内容。

劳动能力：劳动能力是指个体在劳动过程中所表现出来的实际能力。它包括体力、智力、技能等多个方面，是评价一个人劳动水平的重要标准。

劳动习惯：良好的劳动习惯是劳动理论修养的重要体现。它要求人们在参与劳动的过程中养成勤奋、认真、负责等良好习惯，提高工作效率和质量。

三、提升劳动理论修养的途径

加强理论学习：通过学习马克思主义劳动理论、劳动法律法规等相关知识，深化对劳动本质和价值的认识，树立正确的劳动观念。

参与劳动实践：通过亲身参与劳动，体验劳动的艰辛与快乐，培养对劳动的热爱和尊重，提高劳动能力和素养。

培养良好习惯：在日常生活中养成勤奋、认真、负责等良好习惯，为参与劳动打下坚实基础。

关注社会动态：关注社会经济发展趋势和劳动市场需求变化，了解新兴行业和职业特点，增强自身适应性和竞争力。

案例链接

致敬消防英雄

他们面对熊熊烈焰，总是选择向火而行；他们面对灾难来袭，血肉之躯前赴后继；他们面对危险当前，铮铮铁骨铸成坚壁。生死一线的经历并非人皆有之，但却是消防员们的日常。在格尔木防汛抗洪期间，面对如猛兽的洪流波涛，张星华与战友们一次又一次冒着生命危险，冲锋在抗洪抢险最前线，冒风雨、顶洪流、筑坝、抗灾、水上救援，用血肉之躯为人民群众筑起一道道安全堤坝，在这气候恶劣、条件艰苦的情况下连续奋战七天，同战友们一起堵截决口堤坝700余米。

"人生价值不在于取得了多少，而在于他给社会奉献了多少。群众的需要，就是我的选择。"这是张星华始终信守的一句人生格言。

他就像一颗永不松动的螺丝钉，默默地奉献着自己。他英勇顽强、不怕牺牲的英雄气概，时刻为人民群众的财产安全保驾护航。

四、劳动的本质与价值在当代社会的体现

（一）劳动形态的多样化

随着科技的进步和产业的发展，劳动形态呈现出多样化的趋势。除了传统的体力劳动，脑力劳动、创造性劳动及服务型劳动等新型劳动形态不断涌现。这些新型劳动形态不仅丰富了劳动的内涵和外延，也为社会经济的发展注入了新的活力。

（二）劳动价值的重新认知

在当代社会，人们对劳动的价值进行了重新认知。劳动不再仅仅被视为谋生的手段，而是被赋予了更多的精神内涵和价值意义。人们开始更加注重劳动过程中的体验和感受，追求在劳动中实现自我价值和社会价值的统一。

（三）劳动教育的普及与深化

随着对劳动本质和价值认识的深入，劳动教育在当代社会得到了广泛的普及和深化。学校、家庭和社会都更加重视劳动教育的开展，通过课程设置、实践活动等方式培养学生的劳动观念、劳动技能和劳动习惯。这些举措对于培养新时代劳动者的综合素质具有重要意义。

五、劳动理论修养的意义

促进个人全面发展：通过提升劳动理论修养，个体能够更好地适应社会发展需求，实现自我价值和社会价值的统一。

推动社会进步：具备较高劳动理论修养的劳动者是推动社会进步的重要力量。他们通过辛勤劳动和创新创造，为社会创造更多财富和价值。

构建和谐劳动关系：正确的劳动观念和良好的劳动习惯有助于构建和谐稳定的劳动关系，促进企业和社会的和谐发展。

通过对劳动的本质与价值的深入探讨，我们可以更加全面地认识劳动在人类社会发展中的重要地位和作用。劳动不仅创造了物质财富和精神文明，还是推动社会进步和个人成长的重要力量。在未来的发展中，我们应该继续深化对劳动本质和价值的研究，推动劳动教育的普及和深化，让劳动成为新时代劳动者全面发展的坚实基石。同时，我们也应该关注新型劳动形态的发展和传统劳动方式的变革，积极探索适应新时代需求的劳动教育模式和方法，为培养高素质劳动者做出更大的贡献。

劳动任务清单（十五）

低碳意识

变废为宝手工小制作

现代社会很多人都在使用手机，可是大家知道吗？一次性纸杯也可以用来制作手机支架哦。现在教给大家一种制作简易手机支架的方法，当然，我们还需要其他的物品，比如你有用完的卫生纸的卷筒，也不要扔掉哦，用卫生纸的卷筒加上两个一次性纸杯，简易改造之后，就是一个可以使用的手机支架啦！

首先，我们将两个一次性纸杯的杯身裁出两个圆形的洞，需要注意的是，两个洞的直径必须跟你所选择的卫生纸的卷筒的直径一样哦。然后我们就要改造卫生纸的卷筒了，在卫生纸的卷筒上用剪刀剪开一条缝隙，缝隙的长度跟手机的宽度差不多即可，缝隙的宽度跟手机的厚度差不多即可。终于到了最后一步啦，我们需要将卫生纸卷筒的两边套在已经剪好的两个一次性纸杯的圆形的圈里面，然后轻放在桌面上，把手机放进缝隙里就大功告成了。

这样制作好的手机支架，真的是简易而又美观，环保而又方便。

试一试：

1. 查找其他变废为宝的小技巧，并分组汇报展示。
2. 能够自己动手制作一个小用品。

劳动任务清单

任务名称	变废为宝手工小制作		学生姓名	
劳动时间			劳动地点	
劳动成果展示				
（图文混合展示）				
劳动体悟与反思				

劳动体悟：

劳动经验：

自我评价：

续表

知识掌握清单			
评价要点： 1. 了解不同的变废为宝手工制作的内容； 2. 了解变废为宝手工制作的过程方式。			
评价			
不合格	合格	良	优
练习和观察清单			
评价要点： 1. 成功掌握变废为宝手工制作的技术方法； 2. 能简要记录变废为宝手工制作的过程状态。			
评价			
不合格	合格	良	优
鉴定结果	合格□		不合格□
给学生的反馈：			
如果不合格，需要重新鉴定的说明：			
鉴定教师签字：　　　日期：			

任务二 劳动基本素养

案例链接

彭慧胜：尝过"苦"才能品出"甜"

彭慧胜，1976年出生于湖南省邵阳，是复旦大学高分子科学系教授、系主任，国家杰出青年科学基金获得者、国家有突出贡献中青年专家。他获得过中国青年科技奖、国家自然科学二等奖等多项荣誉。彭慧胜带领团队在高分子纤维器件领域取得重大突破，创建了织物显示器件，实现了柔性显示织物及其智能集成系统，这些成果入选了"2021年中国光学十大进展"和"2021年中国十大科学进展"。

彭慧胜的科研之路并非一帆风顺。他在美国留学期间遭遇卡特里娜飓风，城市被淹，奖学金停发，生活颠沛流离。尽管如此，他依然坚持科研，认为科研时间宝贵，再苦再难也不能停。他的青少年时期在湖南邵阳山区度过，清苦的生活和父亲带回的散文诗集激发了他的求知欲。通过高考，他来到中国纺织大学（现东华大学）学习高分子材料专业，并在大学四年里，利用暑假时间在上海图书馆阅读大量文史哲经典，为科研之路打下人文基础。

读研期间，彭慧胜因研究阴离子聚合合成嵌段共聚物而闻名，尽管实验大多失败，但他坚持不懈，最终成功并发表了系列论文。他的科研精神和成果得到了国际学术界的认可，最终获得出国深造的机会。在美国工作期间，他接触到了碳纳米管研究，并提出了纤维电池研究的新思路。

回国后，彭慧胜在复旦大学设立了科研团队的三个"1"目标：完成1项重要科学发现、诞生10个系列产品、培养100名优秀人才。他挑战传统观点，发现纤维电池内阻随长度增加反而先降低后趋稳定，并研制出多种纤维器件，特别是纤维锂离子电池，其能源密度较过去提升了近2个数量级。他们还建立了世界上首条纤维锂离子电池生产线，产品已应用于多个领域。

彭慧胜认为教书育人与科研工作同等重要，出版了《读研究生，你准备好了吗？》一书，为有志于科研的学生解答疑难困惑。他坚信教育的本质是相互影响和启发，始终保持着对科学的好奇心。

他常说，科研像一盒苦涩却能回甘的巧克力，只有尝过"苦"才能品出"甜"。15 年潜心攻克，他终于把不可能变成可能。

分析：劳动基本素养是指个体在参与劳动过程中所应具备的基本素质和能力。这些素质和能力不仅直接关系到劳动效率和质量，还影响着个体的职业发展和社会适应能力。在当今社会，随着科技的快速发展和劳动市场的不断变化，培养和提高劳动基本素养显得尤为重要。

一、劳动基本素养的内涵

劳动基本素养是一个综合性的概念，它包括多个方面的素质和能力。具体来说，劳动基本素养主要包括以下几个方面。

（一）劳动态度

劳动态度是个体对待劳动的心理倾向和行为表现。一个积极向上的劳动态度能够使个体更加投入地参与劳动，提高工作效率和质量。相反，消极的劳动态度则可能导致工作效率低下、质量差等问题。

（二）劳动技能

劳动技能是指个体在劳动过程中所应具备的技术和能力。不同行业和岗位对劳动技能的要求各不相同，但无论是哪种行业和岗位，都需要员工具备一定的专业技能和实践能力。

（三）劳动安全

劳动安全是指在劳动过程中保障劳动者人身安全和健康的一系列措施和规定。劳动安全素养要求个体具备安全意识，遵守安全操作规程，正确使用劳动防护用品等，以确保自身和他人的安全。

（四）劳动纪律

劳动纪律是指在劳动过程中应遵守的规章制度和行为准则。遵守劳动纪律是保证劳动秩序和效率的重要前提。个体应具备良好的自律性，能够自觉遵守企业的各项规章制度和劳动纪律。

（五）团队协作精神

团队协作精神是指在团队中与他人相互协作、共同完成任务的能力和精神。在现代企业中，许多工作都需要团队合作来完成。因此，具备良好的团队协作精神对于提高工作效率和质量具有重要意义。

二、提升劳动基本素养的途径

（一）加强理论学习

通过学习劳动理论、行业知识和技能等相关知识，可以提高个体的专业素养和技能水平。同时，也要关注社会动态和行业发展趋势，以便不断更新自己的知识和技能储备。

（二）参与劳动实践

通过亲身参与劳动，个体可以更好地理解劳动的本质和价值，培养正确的劳动态度和价值观。同时，实践也是提高劳动技能和积累经验的重要途径。

（三）培养良好习惯

在日常生活中应逐渐养成勤奋、认真、负责等良好习惯，这些习惯将在劳动过程中发挥重要作用。同时，也要注意培养自己的自律性和团队协作精神等优秀品质。

（四）接受职业培训

职业培训是提高劳动基本素养的有效途径之一。通过参加职业培训，个体可以系统地学习和掌握相关行业的知识和技能，提高自己的竞争力。

案例链接

陶勇：人类的眼睛里面，藏着他想要征服的山峰

在北大医学部学习期间，陶勇毫不犹豫地选择了眼科，因为对他来说，人类的眼睛里面，藏着他想要征服的山峰。

日后的人生轨迹里，他用一双手，让无数患者重见太阳；他用一颗心，为患者重燃希望。

从医十余年，他做过15000多台手术，其中2000多台是贫困患者免费白内障复明手术。正因为对初心的坚守，他经常忙碌得吃不上饭，看见病人没钱治病，他自掏腰包，只为给患者带来生活的希望。

这一切的一切，都让我们想起一句话：把光明捧在手中，照亮每一个人的脸庞。

三、劳动基本素养的意义

（一）提高劳动效率和质量

具备较高劳动基本素养的个体能够更加熟练地掌握劳动技能，更加高效地完成工作任

务，从而提高劳动效率和质量。

（二）促进个人职业发展

当今社会，职业发展的竞争日益激烈。因而，具备较高劳动基本素养的个体更容易获得企业的认可和重用，从而获得更好的职业发展机会。

（三）推动社会进步

具备较高劳动基本素养的劳动者是推动社会进步的重要力量。他们通过辛勤劳动和创新创造，为社会创造更多财富和价值，推动社会的持续发展和进步。

（四）构建和谐劳动关系

劳动基本素养的提升有助于构建和谐稳定的劳动关系。具备较高劳动基本素养的劳动者能够更好地理解和遵守劳动法规和企业规章制度，减少劳动纠纷和矛盾，促进劳动关系的和谐发展。

劳动基本素养是指个体在参与劳动的过程中所应具备的基本素质和能力。在当今社会，培养和提高劳动基本素养对于个人和社会的发展都具有重要意义。作为新时代的劳动者，我们应该自觉加强劳动基本素养的培养和提升，不断提高自身素质和能力水平，为构建和谐社会和实现中华民族伟大复兴的中国梦贡献自己的力量。同时，政府、企业和社会也应该共同营造良好的劳动环境，为劳动者的成长和发展提供更多的支持和保障。

劳动任务清单（十六）

职业梦想

实习"打工"初体验

钟伟是贵州轻工职业技术学院机电一体化技术专业的学生，去年7月，他带着未知和期待入职中伟新材料有限公司贵州铜仁基地，在基地材料厂区维修B区学习实践。张家锋是该区维修工段的班长，平时遇到难题，钟伟总向他请教。

"张师父帮了我很多，是我实习阶段特别感谢的老师之一。"钟伟告诉记者，刚入职时特别忐忑，也担心课堂的理论知识在实践中用不上。在学校里，钟伟接受的知识多半是理论的，虽然维修思路、维修技巧与其挂钩，但动起手来又始终不一样。他入职后的生活与其他正式员工一样，早八点半至晚六点，算得上沉浸式体验真实的职场工作。

"为了多学点知识，我也会跟不同的师父，每位师父的专业领域不同。"钟伟所学专业并未开设机器人方面的教学，不过身处自动化车间，他惊喜地收获了一些额外的技术。回忆当时的情况，钟伟笑着说，"十分赶巧"。车间内部分零件是由机器人运输到传送带上的，那天赶上突然停电，机器人重启时发生了故障。利用停电导致机器人故障的机会，钟伟仔细观察和学习了机器人重启和故障排除的过程。他主动向车间的技术人员请教，了解了机器人在运输零件时的工作原理和常见问题的解决方法。通过将实际操作和理论学习相结合，钟伟不仅掌握了机器人技术的基础知识，还学会了如何在紧急情况下快速应对。这些额外的技术知识，让他在实习单位中获得了宝贵的经验，为将来成为一名技术娴熟的正式职员打下了坚实的基础。

未来，钟伟将把提高自己的技术能力作为主要目标，争取在实习单位能站稳脚跟，待实习结束后成为一名正式职员。

试一试：

1. 查找实习工作小技巧，并分组汇报展示。
2. 自己能够在假期找一份实习工作。

劳动任务清单

任务名称	实习工作体验		学生姓名	
劳动时间			劳动地点	

劳动成果展示
（图文混合展示）

劳动体悟与反思

劳动体悟：

劳动经验：

自我评价：

续表

知识掌握清单				
评价要点： 1．了解实习工作的技巧； 2．了解不同的实习工作内容。				
评价				
不合格	合格		良	优
练习和观察清单				
评价要点： 1．成功掌握实习工作的方法； 2．能简要记录实习工作的过程状态。				
评价				
不合格	合格		良	优
鉴定结果	合格□		不合格□	

给学生的反馈：

如果不合格，需要重新鉴定的说明：

鉴定教师签字： 　　　日期：

任务三　劳动态度

案例链接

李伯谦：扎根田野，探文明之源

北大考古 100 年的发展历程里，李伯谦就参与了 60 多年。

他说："考古必须以田野发掘为出发点，没有考古的调查、发掘，考古学研究就很难向前推进。"所以从进入北大开始，到毕业后教书育人，他一直坚持带领学生前往田野里考古学习。从夏商周断代工程到中华文明探源工程，李伯谦探索的地域在不断延伸，他始终觉得"作为考古工作者，在祖国发展和进步的过程中，绝不能坐而论道、孤芳自赏，而是要通过研究历史、总结经验教训，为当下和未来服务"。

鉴古知今，学史明智，发展中国特色社会主义，更加需要系统研究中国历史和文化，更加需要深刻把握人类发展历史规律，这样才能在对历史的深入思考中汲取智慧、走向未来。

分析：劳动态度是个体对待劳动的心理倾向和行为表现，它直接影响着个体的劳动效率、质量及职业发展。在当今社会，培养正确的劳动态度对于个人和社会的发展都具有重要意义。

一、劳动态度的内涵

劳动态度是个体在长期的劳动实践中逐步形成的对劳动的认知、情感和行为倾向的总和。具体来说，劳动态度包括以下几个方面。

（一）对劳动的认知

对劳动的认知是指个体对劳动的本质、价值、意义等方面的认识和理解。正确的劳动认知能够帮助个体树立正确的劳动价值观和劳动目标，从而引导个体积极地参与劳动。

（二）对劳动的情感

对劳动的情感是指个体在劳动过程中所产生的情感体验，如喜欢、厌恶、热情、冷漠等。积极的劳动情感能够使个体更加投入地参与劳动，享受劳动的乐趣和成就感；而消极的劳动情感则可能导致个体对劳动产生厌倦和逃避。

（三）对劳动的行为倾向

对劳动的行为倾向是指个体在劳动过程中所表现出来的行为倾向，如勤奋、懒惰、认真、敷衍等。良好的行为倾向能够保证个体在劳动中表现出色，提高工作效率和质量；而不良的行为倾向则可能导致工作效率低下、质量差等问题。

二、培养正确的劳动态度

（一）加强劳动认知教育

通过课堂教学、实践活动等途径，向学生传授马克思主义劳动观、劳动价值论等基本知识，引导学生正确认识劳动的本质和价值，树立正确的劳动价值观。

（二）激发积极的劳动情感

通过组织丰富多彩的劳动实践活动，让学生在亲身参与中体验劳动的艰辛与快乐，感受劳动成果的喜悦和自豪，从而激发学生对劳动的热爱和热情。

（三）培养良好的劳动行为倾向

通过制定明确的劳动规范和评价标准，对学生的劳动行为进行引导和约束，鼓励学生在劳动中表现出勤奋、认真、负责等良好品质，逐步养成良好的劳动习惯。

三、劳动态度的影响因素

劳动态度的形成和发展受到多种因素的影响，主要包括以下几个方面。

（一）家庭环境

家庭是个体最早接触的社会环境之一，父母的劳动态度和教育方式对孩子的劳动态度产生着潜移默化的影响。

（二）学校教育

学校是进行系统劳动教育的重要场所，学校的课程设置、教育方式及教师的劳动态度都会对学生的劳动态度产生影响。

（三）社会环境

社会环境中的劳动氛围、价值观念及就业形势等因素都会对个体的劳动态度产生影响。

（四）个人经历

个体在成长过程中所经历的劳动实践、职业体验等都会对劳动态度产生影响。

案例链接

石兰松：好似清风拂山岗

在广西壮族自治区上林县大龙洞村，村庄与教学点之间是陡峭的石山，脚下是深不见底的湖水。刁望教学点教师石兰松撑起小船接送孩子们上学，一撑就是36年。一艘小船承载了无数山伢子的梦想。

教师石兰松几十余年坚守在山乡讲台上，用心用爱关注孩子们成人成才，他扎根大地，无怨无悔，寒来暑往永远挺立在那里，用行动践行初心。他就像一棵"不老松"，在山头挺立，见证着山村巨变，同样也目送了一批又一批的学生走出大山，走入城市。

四、劳动态度的意义

正确的劳动态度对于个人和社会的发展都具有重要意义，主要体现在以下几个方面。

（一）提高劳动效率和质量

具备正确劳动态度的个体能够更加积极地参与劳动，更加认真地对待工作任务，从而提高劳动效率和质量。

（二）促进个人职业发展

正确的劳动态度能够使个体在工作中表现出色，获得企业的认可和重用，从而获得更好的职业发展机会。

（三）推动社会进步

具备正确劳动态度的劳动者是推动社会进步的重要力量。他们通过辛勤劳动和创新创造，为社会创造更多财富和价值。

（四）构建和谐劳动关系

正确的劳动态度有助于构建和谐稳定的劳动关系。具备正确劳动态度的劳动者能够更好地理解和遵守劳动法规和企业规章制度，减少劳动纠纷和矛盾。

劳动态度是个体对待劳动的心理倾向和行为表现，它对于个人的劳动效率、质量及职业发展具有重要影响。因此，我们应该重视劳动态度的培养，通过加强劳动认知教育、激发积极的劳动情感、培养良好的劳动行为倾向等途径，引导学生树立正确的劳动态度。同时，政府、企业和社会也应该共同营造良好的劳动环境，为劳动者的成长和发展提供更多的支持和保障。只有这样，我们才能培养出一批又一批具备正确劳动态度的高素质劳动者，为社会的持续发展和进步贡献力量。

劳动任务清单（十七）

劳作体验

农民的辛勤劳动：耕种、管理和收获

耕种是农业生产的第一步。在春季来临后，农民们开始准备耕地。他们使用犁头、锄头等农具，将土地翻松、整平，为播种做好准备。这个过程需要耗费大量的体力和时间，但农民们毫无怨言，因为他们深知只有耕种好，才能迎来丰收。

播种是农业生产中最为关键的环节之一。农民们要根据气候、土壤和季节等因素，选择适合的作物进行种植。他们在田间地头来回穿梭，将种子播撒在土地里。这个过程需要耗费大量的时间和精力，但农民们却从不厌倦。他们用心呵护着每一粒种子，期待着它们能够生根发芽、茁壮成长。

在作物生长期间，农民们要不断地进行田间管理，包括浇水、施肥、除草、防治病虫害等工作。他们要时刻关注作物的生长情况，及时采取措施进行干预，确保作物健康茁壮成长。这个过程同样需要耗费大量的时间和精力，但农民们坚持不懈，因为他们知道只有管理好，才能迎来丰收。

终于，在漫长的等待之后，收获的季节来临了。农民们欣喜地看着自己辛勤劳动的成果，看着金黄色的麦田、沉甸甸的稻谷，他们的脸上露出了满足的笑容。他们使用收割机、镰刀等工具，将作物收割下来，然后进行晾晒、脱壳、储藏等工作。这个过程同样需要耗费大量的时间和精力，但农民们却从不嫌麻烦，因为他们知道只有收获好，才能为家庭带来收入和希望。

试一试：

1. 查找当地耕种劳动的地区和主要作物，并分组汇报展示。
2. 采访进行耕种劳动的人的心得体会。

劳动任务清单

任务名称	农民的辛勤劳动：耕种、管理和收获	学生姓名	
劳动时间		劳动地点	

劳动成果展示
（图文混合展示）

劳动体悟与反思

劳动体悟：

劳动经验：

自我评价：

续表

知识掌握清单				
评价要点： 1．了解耕种劳动的历史； 2．了解不同耕种作物的名称、形态和方式。				
评价				
不合格	合格		良	优
练习和观察清单				
评价要点： 1．成功掌握耕种劳动的技术方法； 2．能简要记录耕种劳动的过程状态。				
评价				
不合格	合格		良	优
鉴定结果	合格□		不合格□	
给学生的反馈： 如果不合格，需要重新鉴定的说明： 鉴定教师签字：　　　　　日期：				

任务四

劳动常识

案例链接

1．事故经过

2023年10月2日晚8时25分许，××中专学校一学生公寓301宿舍发生一起火灾事故，致使配置给该宿舍使用的行李架、物品柜等设施因火灾受损，另有价值5000余元的学生个人财物被烧毁。

2．事故原因分析

具体原因：有同学违反学生公寓管理制度，在宿舍内私自使用大功率电器，插在主接线板的电热杯放在行李架顶层，水烧干后自燃，并引燃邻近的易燃品。

劳动是人类社会存在和发展的基础，也是每个人成长和实现自我价值的必由之路。在劳动过程中，掌握一定的劳动常识是必不可少的。劳动常识是指与劳动相关的基本知识和技能，包括劳动安全、劳动工具使用、劳动法规等方面的内容。这些知识和技能对于提高劳动效率、保障劳动者权益及促进个人职业发展都具有重要意义。

一、劳动安全常识

劳动安全是指在劳动过程中保障劳动者人身安全和健康的一系列措施和规定。掌握劳动安全常识对于预防事故、减少伤害具有重要意义。

机械安全：在使用机械设备时，应遵守操作规程，注意安全防护装置是否完好，避免机械伤害事故的发生。

电气安全：在接触电气设备时，应注意绝缘保护，遵循安全用电原则，防止触电事故的发生。

化学安全：在接触有毒、有害化学品时，应佩戴防护用品，了解化学品的性质和处理方法，避免化学伤害事故的发生。

消防安全：了解火灾的危害和预防措施，掌握灭火器材的使用方法，能够在火灾发生时迅速采取有效的灭火措施。

交通安全：在参与道路交通时，应遵守交通规则，注意交通安全，避免交通事故的发生。

二、劳动工具使用常识

劳动工具是劳动者在劳动过程中所使用的各种器具和设备。掌握劳动工具的使用常识对于提高工作效率、保护劳动者健康具有重要意义。

工具选择：根据工作任务和劳动条件选择合适的工具，确保工具能够满足工作要求并提高工作效率。

工具保养：定期对工具进行保养和维护，确保工具处于良好状态，延长工具的使用寿命。

工具使用安全：在使用工具时，应注意安全操作规程，避免因操作不当而导致伤害事故的发生。

三、劳动法规常识

劳动法规是指国家制定的调整劳动关系、保护劳动者权益的法律规范。掌握劳动法规常识对于维护劳动者权益、促进劳动关系和谐具有重要意义。

劳动合同：了解劳动合同的签订、变更和解除等相关规定，以确保自己的权益得到保障。

工资福利：了解工资支付、福利待遇等方面的规定，以确保自己的劳动成果得到合理回报。

工作时间与休息休假：了解工作时间安排、休息休假等方面的规定，以确保自己的身心健康得到保障。

社会保险与福利：了解社会保险的种类、缴纳方式及福利待遇等方面的规定，以确保自己在遇到风险时能够得到相应的保障。

劳动争议处理：了解劳动争议的处理程序和方法，学会通过合法途径维护自己的权益。

案例链接

如何判断劳动者放弃用人单位为其缴纳社会保险费的行为效力

2018年1月10日，余某与某绿化工程队签订了为期1年的劳动合同。余某曾于2012年5月14日出具《承诺书》表示，已清楚公司愿意依法为其参加缴纳社会保险，但其不愿意参加和缴纳社会保险，一切后果均由其自己承担。后某绿化工程队未为余某购买社会保险。余某经仲裁后提起诉讼，请求判决某绿化工程队支付经济补偿。

《中华人民共和国劳动法》第七十二条规定："社会保险基金按照保险类型确定资金来

源，逐步实行社会统筹。用人单位和劳动者必须依法参加社会保险，缴纳社会保险费。"《中华人民共和国社会保险法》第四条规定："中华人民共和国境内的用人单位和个人依法缴纳社会保险费。"第六十条规定："职工应当缴纳的社会保险费由用人单位代扣代缴。"因此，用人单位负有自行申报、按时足额缴纳社会保险费的法定责任，劳动者应当缴纳的社会保险费由用人单位代扣代缴。不论劳动者是否承诺放弃社保，用人单位都负有为职工参加社会保险并依法缴纳社会保险费的法定义务，即使余某承诺放弃参加社会保险，该行为亦无效，某绿化工程队应向余某支付经济补偿。

四、劳动环境保护常识

劳动环境是指劳动者在劳动过程中所处的各种外部条件的总和。良好的劳动环境对于保障劳动者健康和提高工作效率具有重要意义。

噪声控制：了解噪声的危害和控制措施，采取措施降低噪声对劳动者的影响。

照明与采光：了解照明与采光对劳动者视觉的影响，确保工作场所的光线充足、分布均匀。

通风与防尘：了解通风与防尘对劳动者呼吸系统的影响，采取措施改善工作场所的空气质量。

温度与湿度：了解温度与湿度对劳动者舒适感的影响，采取措施保持工作场所的适宜温度和湿度。

劳动常识是每个人在参与劳动的过程中必须掌握的基本知识和技能。通过学习和实践，我们可以逐步积累劳动经验，提高劳动技能，为个人的职业发展和社会的进步做出贡献。同时，我们也要关注劳动安全和劳动者权益保障等问题，努力营造一个安全、健康、和谐的劳动环境。在未来的劳动世界中，让我们以更加积极、主动的态度去学习和掌握更多的劳动常识，为自己的成长和发展奠定坚实的基础。

知识拓展

古话：
◇"锄禾日当午，汗滴禾下土。谁知盘中餐，粒粒皆辛苦。"
这首诗描绘了农民在田间劳作的艰辛，强调了每一粒粮食都来之不易，体现了劳动的境界和价值。
◇"富贵本无根，尽从勤里得。"
这句话强调了财富和地位并非天生就有，而是通过勤劳和努力获得的，体现了劳动对于个人成就的重要性。

◇"勤有功，戏无益。戒之哉，宜勉力。"

这首话告诫人们要勤奋努力，不要沉迷于嬉戏娱乐，因为只有通过劳动才能取得成就。

名人名言：

◇"劳动是人类的本质活动，劳动光荣、创造伟大是对人类文明进步规律的重要诠释。"

这句话强调了劳动在人类文明进步中的重要作用，体现了劳动的伟大和光荣。

◇"任何一种不为集体利益打算的行为，都是自杀的行为，它对社会有害。"

——马卡连柯

马卡连柯的这句话强调了劳动应该为集体利益服务，体现了劳动的社会价值和意义。

◇"我觉得人生求乐的方法，最好莫过于尊重劳动。一切乐境，都可由劳动得来，一切苦境，都可由劳动解脱。" ——李大钊

李大钊的这句话强调了劳动对于个人幸福和快乐的重要性，体现了劳动对于个人生活的意义。

◇"在人的生活中最主要的是劳动训练。没有劳动就不可能有正常的人的生活。"

——卢梭

卢梭的这句话强调了劳动对于个人成长和生活的重要性，体现了劳动对于个人全面发展的意义。

◇"我们世界上最美好的东西，都是由劳动、由人的聪明的手创造出来的。"

——高尔基

高尔基的这句话强调了劳动对于创造美好世界的重要性，体现了劳动对于社会进步和发展的意义。

这些古话和名人名言都以不同的方式表达了劳动的境界和价值，强调了劳动对于个人成就、社会发展和人类文明进步的重要作用。

劳动任务清单（十八）

劳模精神

火箭焊接第一人

高凤林，中国航天科技集团公司第一研究院 211 厂的高级技师，被誉为"火箭焊接第

一人"。他将自己的一生奉献给了航天事业，用实际行动诠释了劳模精神。

高凤林出生于一个普通的工人家庭，自幼对机械有着浓厚的兴趣。1980年，他从技校毕业后，进入航天科技集团公司工作。在长达几十年的工作生涯中，高凤林始终坚守在焊接一线，攻克了一个又一个技术难题，为我国的航天事业做出了巨大贡献。

在航天器的制造过程中，焊接技术至关重要。高凤林深知这一点，因此他不断钻研焊接技术，力求做到精益求精。他发明了多项焊接新工艺，解决了许多传统焊接技术无法解决的问题。例如，在某型号火箭发动机的制造过程中，高凤林通过创新焊接技术，成功提高了焊接部位的强度和可靠性，确保了火箭发射的安全性。

高凤林不仅技术精湛，而且对待工作极其认真负责。他常说："航天事业无小事，每一个细节都关乎成败。"因此，他总是严格要求自己，对每一个焊接点都进行反复检查，确保万无一失。在一次重要的火箭发射任务中，高凤林发现了一个微小的焊接缺陷，虽然这个缺陷在常规检查中很难被发现，但他坚持要求返工，最终确保了火箭的成功发射。

高凤林的劳模精神不仅体现在他对技术的追求和对工作的敬业上，还体现在他对年轻一代的培养上。他深知人才是航天事业发展的关键，因此他毫无保留地将自己的知识和经验传授给年轻工人。他经常组织技术培训，亲自指导年轻人进行实践操作，帮助他们快速成长为技术骨干。

高凤林的事迹激励了无数人，他用自己的行动证明了劳模精神的力量。他多次获得全国劳动模范、全国技术能手等荣誉称号，但他始终谦虚低调，认为自己只是做了应该做的事。高凤林的故事告诉我们，无论在哪个岗位，只要我们能够像他一样，全身心投入，勇于创新，精益求精，就能够成就一番事业，为社会做出贡献。

试一试：

1. 查找其他时代英雄，并分组汇报展示他们的英雄事迹。
2. 采访大家分享后的心得体会。

劳动任务清单

任务名称	致敬时代英雄，争做时代偶像	学生姓名	
劳动时间		劳动地点	
劳动成果展示			
（图文混合展示）			

劳动体悟与反思

劳动体悟：

劳动经验：

自我评价：

续表

知识掌握清单				
评价要点： 1．了解劳模精神的意义； 2．了解不同的劳模精神。				
评价				
不合格	合格		良	优
练习和观察清单				
评价要点： 1．学习劳模精神； 2．能简要记录学习劳模精神的过程状态。				
评价				
不合格	合格		良	优
鉴定结果	合格□		不合格□	
给学生的反馈： 如果不合格，需要重新鉴定的说明： 鉴定教师签字：　　　　日期：				

任务五 劳动身心素质

劳动身心素质是指个体在劳动过程中所展现的身体健康状况、心理素质及与劳动相关的技能和知识水平。它包括身体素质、心理素质、专业技能和劳动态度等多个方面。一个具有高劳动身心素质的个体能够更好地适应劳动环境，提高工作效率，同时也能在面对劳动压力和挑战时保持良好的状态。

案例链接

学生下厨代替外卖

学校食堂里，一群"小大人"穿梭在食堂，擦桌子，收拾碗盘，清洁地面。课堂上，学生正用自己制作的农具结合历史书上的知识来学习早期农耕文化。课余时间，大家不再习惯点外卖，而是自己动手，做一桌"香喷喷"的饭菜。北京市八一学校的学生正以实际行动诠释着什么是"劳动教育"。

一提到劳动教育，很多人就会想到帮妈妈洗碗、打扫房间卫生等简单且符号化的事情，但其实"劳动教育"并不是这么简单。

北京市八一学校校长助理、学生发展指导中心主任李喆在提到"劳动教育"时这样说道："就像学校的值周活动主要是培养学生的劳动意识，而学生自己组建的家政社主要是培养学生的劳动技能，学生既有兴趣，又能收获快乐。"

2019年8月，中共中央、国务院印发《关于深化教育教学改革全面提高义务教育质量的意见》，意见明确提出，劳动教育需明确课时，并列入义务教育阶段必修课。

当我们沉浸在课本中去了解各种文化知识的时候，图文带给我们的是思维上的触动，若将劳动实践和学科理论相结合，想必这对学生更好地理解学科知识会有更进一步的帮助。李喆还表示，学校一直保持着劳动教育的传承。以值周为例，将其作为一个制度来完成，坚持了很多年。根据学生在值周时的表现来打分，包括组内同学打分、带班老师打分等方式，评出优秀的值周生，最后将成绩录入综合素质评价系统。义务教育质量事关亿万少年儿童健康成长，事关国家发展，事关民族未来。改革开放以来，我国义务教育取得了举世瞩目的成就。现在劳动教育作为"五育"的重要组成部分受到了越来越高的重视。"对学生未来的发展，我们更关注的是他们将来能不能更好地、独立地、科学地生活。劳动教育一方面是培养学生的劳动意识，一方面是培养劳动技能，最终是为了让他们拥有独立生活的能力，去创造更好的生活。"李喆说道。

在劳动教育中，身心素质的培养是至关重要的。身心素质是指一个人在身体和心理方面所具备的基本条件和能力，它直接影响着个体的劳动效率、生活质量和职业发展。

一、身体素质的培养

身体素质是指个体在身体形态、机能、耐力等方面所具备的基本条件。良好的身体素质是参与劳动的前提和基础。学生可以通过以下方式进行身体素质的培养。

运动锻炼：定期进行适量的运动锻炼，如跑步、游泳、瑜伽等，可以增强心肺功能，提高身体的耐力和灵活性，为劳动提供坚实的身体基础。

合理饮食：保持均衡的饮食，摄入足够的营养物质，如蛋白质、维生素、矿物质等，这样有助于身体的生长发育和免疫力的提升。

规律作息：养成良好的作息习惯，保证充足的睡眠时间，这样有助于身体的恢复和精力的保持。

劳动保护：在劳动过程中，注意劳动保护，避免长时间保持同一姿势，防止肌肉疲劳和损伤。

二、心理素质的培养

心理素质是指个体在心理方面所具备的稳定性和应对能力。良好的心理素质可以帮助个体更好地应对劳动中的挑战和压力。学生可以通过以下方式进行心理素质的培养。

自信心：培养自信心是提升心理素质的关键。在劳动中，相信自己具备完成任务的能力，勇于面对挑战和困难，这样有助于提高工作效率和质量。

情绪管理：学会有效地管理情绪是保持心理健康的重要手段。在劳动中，遇到挫折和困难时，应保持冷静和理智，积极寻求解决问题的方法和途径。

团队协作：劳动往往需要团队协作才能完成。培养团队协作精神，学会与他人沟通和协作，这将有助于提升工作效率和营造良好的工作氛围。

适应能力：劳动环境和工作任务往往是不断变化的。培养适应能力，学会在不同环境下迅速调整自己的状态和策略，这将有助于更好地适应劳动世界的变化。

三、身心素质的相互影响

身体素质和心理素质是相互关联、相互影响的。良好的身体素质可以为心理素质的培养提供物质基础，而良好的心理素质又可以促进身体素质的提升。

例如，一个身体健康、精力充沛的人往往更容易保持乐观、自信的心态，从而更好地应对劳动中的挑战和压力。相反，一个身体虚弱、精力不足的人可能更容易感到焦虑、沮丧，从而影响其劳动效率和生活质量。

> **案例链接**
>
> "时代楷模"——叶朋
>
> 叶朋，2005年全国劳动模范，天信仪表集团有限公司副总裁兼总工程师，教授级高级工程师，中国流量专业技术委员会委员，浙江省第十届人大代表。他1998年开始先后担任天信仪表集团副总工、总工、副总裁，先后主持研制了智能气体流量计、电子体积修正仪、自动化系统等二十多个系列产品，产品技术处于国内外先进水平，多个项目列入"国家级新产品""国家火炬计划""国家创新基金"项目，1项列入"国家863计划"项目，多次获得省、市级科技进步奖。他主导起草了1项国家标准和1项浙江制造标准，参与编制8项国家和行业标准及规程，拥有30多项发明和实用新型专利及软件著作权，发表了13篇论文，参与编写3本专业书籍。在叶朋及其所带领团队的努力与创新下，天信仪表一直领先于国内同行，公司业绩连续多年位居国内行业首位，为苍南经济发展、为我国自动化仪表技术发展做出了较大贡献。

四、身心素质在劳动教育中的重要性

身心素质在劳动教育中具有重要地位和作用。首先，身心素质是劳动教育的基础和前提。一个具备良好身心素质的人才能更好地参与劳动、学习技能和实现自我价值。其次，身心素质的培养有助于提高学生的综合素质和竞争力。在现代社会，具备良好身心素质的人才更受企业和社会欢迎，也更容易获得更好的职业发展机会。最后，身心素质的培养有助于促进学生的全面发展和健康成长。通过劳动教育中的身心素质培养，可以帮助学生树立正确的价值观、人生观和世界观，为他们未来的生活和发展奠定坚实的基础。

五、如何在劳动教育中提升身心素质

理论与实践相结合：在劳动教育中，注重理论与实践相结合是提升身心素质的有效途径。通过课堂教学传授相关知识，引导学生在劳动实践中运用所学知识，不断提高身体素质和心理素质。

因材施教：针对学生的个体差异和特点因材施教是提升学生身心素质的关键。根据学生的身体状况、兴趣爱好和性格特点等因素，制订个性化的教学计划和培养方案，帮助学生更好地提升身心素质。

综合评价：建立综合评价机制是提升身心素质的重要保障。通过对学生身体素质、心理素质、劳动技能等方面的综合评价，全面了解学生的发展状况和需求，为制订更有效的培养方案提供依据。

身心素质是劳动教育中的重要内容之一，它对于个人的成长和发展具有深远影响。通过培养良好的身体素质和心理素质，我们可以更好地应对劳动中的挑战和压力，实现自我价值和社会价值。在未来的劳动世界中，让我们以更加积极、健康的态度去面对挑战和机遇，努力提升自己的身心素质，为社会的进步和发展贡献自己的力量。

劳动任务清单（十九）

体悟责任担当

诚实守信调研

诚信，作为中华民族的传统美德，是我们在日常生活中的行为准则。但是近年来受到社会风气、社会环境和就业压力等各方面因素的影响，大学生诚信缺失的现象越来越严重，迟到早退、考试作弊、论文抄袭、伪造简历、拖欠助学贷款等诚信问题日益突出，引起了社会的广泛关注。

为了了解在校大学生的诚信状况，我们对××财经大学在校本科生进行了诚信状况调查，20××年通过问卷随机抽样调查的方式，总计发放了120份问卷进行调查，全部回收，其中有效问卷113份。通过此次问卷调查，初步了解了××财经大学在校生的诚信状况。

现状一：日常大部分时间能做到诚信，认为人际交往中诚信仍是评价他人的重要标准

调查结果显示，在日常生活中，受访同学中仅有13.6%能够完全做到诚信，74.2%的在大部分情况下能做到诚信，一般情况下能做到诚信的约占11.1%，而较少和几乎不能做到诚信的只占1.08%。而在人际交往中，50.9%的同学表示很看重他人的诚信，比较看重他人诚信的占了44.7%，而不太看重或不看重他人诚信的同学仅占了0.7%。

诚信是我们的日常生活的基本行为规范，是否诚信影响着人际关系，影响着社会总体的诚信水平。由调查结果可见，目前该校学生的诚信水平总体上还是比较高的，大部分学生在日常生活中能基本上做到诚信，但是由于各方面因素的影响，如社会环境、校园风气等，仍然有部分学生无法做到诚信，所以该校大学生的诚信水平仍然需要改进和提高。一个人是否诚信决定了他和别人交往时是否能够真心付出，是否可靠。调查中绝大部分的同学表示很看重或比较看重他人的诚信，这说明在当今社会中，诚信仍然被作为评价和选择一个人的标准。

现状二：在校大学生在学业上的诚信状况令人担忧

调查结果显示，在被调查同学中，16.8%的同学认为上课迟到、早退和旷课很不合适，36.3%表示不太合适，26.1%保持中立，超过两成的同学认为可以理解。而对于不按时完成作业的行为，12.0%的受访同学认为很不合适，14.4%认为可以理解，27.8%认为是否按时完成作业是一样的，有近一半同学认为不太合适。面对考试作弊，在受访同学中有44.9%对考试作弊表示很不合适、坚决反对，29.1%的同学认为不合适，16.2%保持中立，但有9.8%的同学认为可以理解。

从数据上看，大学生在学业上的诚信状况很是令人担忧，这也很可能与大学较自由宽松的环境有关。很多学生上了大学后就逐渐变得慵懒，迟到旷课早已是普遍的现象，而且大部分学生都持着不以为意的态度，认为这个不涉及诚信的问题。由于大学里缺乏管束，很多学生在平时都没好好学习，浑浑噩噩，到期末考试时，为了通过考试，不得不进行抄袭。不过从调查中也可以看出，这毕竟还是少数。

试一试：

1. 分析出现上述现状的原因，并分组汇报展示。
2. 提出有效建议，以解决此类现象。

劳动任务清单

任务名称	诚实守信调研	学生姓名	
劳动时间		劳动地点	
劳动成果展示			
（图文混合展示）			

劳动体悟与反思

劳动体悟：

劳动经验：

自我评价：

续表

知识掌握清单				
评价要点： 1. 了解诚实守信调研的相关内容； 2. 了解诚实守信调研的方式。				
评价				
不合格	合格		良	优
练习和观察清单				
评价要点： 1. 成功掌握诚实守信调研的技术方法； 2. 能简要记录诚实守信调研的过程状态。				
评价				
不合格	合格		良	优
鉴定结果	合格□		不合格□	
给学生的反馈： 如果不合格，需要重新鉴定的说明： 鉴定教师签字：　　　　日期：				

参 考 文 献

[1] 谢颜. 大学生劳动教育[M]. 北京：中国人民大学出版社，2022.
[2] 李志峰. 大学生劳动教育概论[M]. 武汉：武汉大学出版社，2021.
[3] 陈伟，郑文. 大学生劳动教育概论[M]. 北京：高等教育出版社，2021.
[4] 劳赐铭，朱颖. 新时代高校劳动教育任务[M]. 北京：中国人民大学出版社，2022.
[5] 张毅驰. 新时代大学生劳动教育实践指导[M]. 苏州：苏州大学出版社，2021.
[6] 丁晓昌，顾建军. 新时代大学生劳动教育[M]. 上海：上海交通大学出版社，2021.
[7] 刘向兵. 新时代高校劳动教育论纲[M]. 北京：社会科学文献出版社，2019.
[8] 金正连. 劳动教育与素质养成[M]. 北京：中国人民大学出版社，2020.
[9] 孙家学，耿艳丽，邵珠平. 新时代高校劳动教育[M]. 北京：高等教育出版社，2021.
[10] 陈国维. 大学生劳动教育[M]. 北京：高等教育出版社，2020.
[11] 习近平. 习近平谈治国理政：第四卷[M]. 北京：外文出版社，2022.
[12] 元妍. 工匠精神[M]. 延吉：延边大学出版社，2022.
[13] 夏一璞. 劳模精神[M]. 北京：人民日报出版社，2021.
[14] 刘辙. 工匠精神[M]. 上海：上海交通大学出版社，2020.
[15] 刘新. 匠人精神[M]. 北京：中国纺织出版社，2021.
[16] 杨松涛，徐洪，杨守国. 大学生劳动教育[M]. 北京：首都师范大学出版社，2021.
[17] 张茜，王荔，赵丽娟. 大学生劳动教育实用手册[M]. 重庆：重庆大学出版社，2021.
[18] 于丽萍. HR 劳动争议经典管理案例[M]. 北京：中国法制出版社，2018.
[19] 安鸿章. 劳动简论[M]. 北京：北京理工大学出版社，2021.
[20] 史钟锋，董爱芹，张艳霞. 新时代大学生劳动教育[M]. 北京：清华大学出版社，2022.

反侵权盗版声明

电子工业出版社依法对本作品享有专有出版权。任何未经权利人书面许可，复制、销售或通过信息网络传播本作品的行为；歪曲、篡改、剽窃本作品的行为，均违反《中华人民共和国著作权法》，其行为人应承担相应的民事责任和行政责任，构成犯罪的，将被依法追究刑事责任。

为了维护市场秩序，保护权利人的合法权益，我社将依法查处和打击侵权盗版的单位和个人。欢迎社会各界人士积极举报侵权盗版行为，本社将奖励举报有功人员，并保证举报人的信息不被泄露。

举报电话：（010）88254396；（010）88258888
传　　真：（010）88254397
E-mail：　dbqq@phei.com.cn
通信地址：北京市万寿路173信箱
　　　　　电子工业出版社总编办公室
邮　　编：100036